Stefano Bavaro

L'Attaccamento nell'Infanzia e nell'Adolescenza

ISBN 978-0-244-97388-9

stefano.bavaro@libero.it

Cursus est certus aetatis et una via naturae,
eaque simplex, suaque cuique parti aetatis,
tempestivitas est data, ut et infirmitas
puerorum, et ferocitas iuvenum et gravitas iam
constantis aetatis et senectutis maturitas
naturale quiddam habeat, quod suo tempore
percipi debeat.

Cicerone, "Cato maior, de senectute", trad. it., Chiosi L.(a cura di), Cato maior, de senectute, X, 33 (2003), p.17: «Il corso della vita è stabilito e unica è la via della natura e semplice e a ciascuna parte della vita è stato assegnato un tempo opportuno, in modo che sia la debolezza dei fanciulli, sia la baldanza dei giovani, sia la serietà dell'età ormai consolidata, sia la maturità della vecchiaia, abbiano un che di naturale che deve essere colto a suo tempo».

L'Attaccamento nell'Infanzia e nell'Adolescenza

INTRODUZIONE

Il seguente lavoro di ricerca è stato sviluppato tenendo conto della cornice teorica e metodologica riguardante la relazione di attaccamento che si instaura e si sviluppa tra genitori e figli durante i periodi dell'infanzia e dell'adolescenza. In particolare, viene delineata sia l'infanzia come il periodo di notevole importanza all'interno del quale si sviluppano e si instaurano i primi legami affettivi dell'individuo e sia l'adolescenza interpretata come una fase di sviluppo particolare, cui teorici e ricercatori afferenti a diversi orientamenti hanno sempre dedicato grande attenzione, e molte conquiste sono state fatte in termini di conoscenza dei cambiamenti fisici, neurologici, sociali, esperienziali caratterizzanti il passaggio dalla tarda infanzia all'adolescenza[1]. L'attenzione è rivolta sia a comprendere i processi sottostanti le riorganizzazioni rappresentazionali che in questi periodi di vita sembrano verificarsi, influenzando l'adattamento e le

---

1 Cfr. Balzotti A., *Attaccamento e biologia*, Franco Angeli, Milano 2010; Ongari B., *La valutazione dell'attaccamento nella seconda infanzia*, Unicopli, Milano 2006.

capacità relazionali degli adolescenti e sia verso gli studi dei vari teorici nell'ambito dell'attaccamento figli-FdA e, dunque, la molteplicità delle indagini, problemi e valutazioni connesse a tale tematica. Tanto in ambito clinico quanto di ricerca, si avverte sempre di più la necessità di comprendere in che modo le conquiste cognitive e meta-rappresentative, nonché i cambiamenti fisici ed esperenziali tipici dell'adolescenza, vadano di pari passo, ed eventualmente interagiscano, con la rielaborazione di aspetti più dinamici, legati alle rappresentazioni interne, qui definite secondo le diverse proposte dei teorici dell'attaccamento e dei teorici delle relazioni oggettuali. I due costrutti di attaccamento e relazioni oggettuali vengono elaborati e sviluppati entro cornici teoriche differenti, presentando delle peculiarità, sia nel modo in cui vengono concettualizzate, sia nelle aree di influenza che ad esse vengono attribuite rispetto a un più generale funzionamento dell'individuo. In tempi più recenti, da una parte gli studiosi dell'attaccamento si sono interessati sempre di più agli aspetti evolutivi del costrutto, individuando nell'adolescenza un periodo di vita in cui la valutazione dello stato della mente è particolarmente difficoltosa in quanto influenzata da aspetti maturativi nonché da nuove esperienze relazionali e contestuali; d'altra parte, un numero sempre crescente di studiosi ha messo in luce che i teorici delle relazioni oggettuali tendano a trascurare il fatto che le relazioni interiorizzate e le rappresentazioni di sé e degli altri che ne derivano, la conseguente capacità di instaurare relazioni mature e mutualmente soddisfacenti, e di assumere la prospettiva dell'altro, pur iniziando a formarsi nell'infanzia, evolvano per tutto l'arco della vita, e siano rimodellate sia dalle nuove esperienze affettive e di interazione, sia dalle più mature capacità cognitive e di ragionamento sociale. Nella seguente disserzione, fra le varie citazioni di teorici che hanno apportato i loro contributi allo scopo di analizzare le relazioni affettive, vengono sottolineati gli apporti derivanti da John Bowlby e dalla canadese Mary Ainsworth. Bowlby è considerato ancora oggi il capostipite della teoria dell'attaccamento, ed i suoi studi vennero adottati da altri teorici, del calibro della sopracitata Ainsworth, nello sviluppo riguardante la concezione di attaccamento.

Questo lavoro di ricerca ha avuto come scopo il cercare di integrare, da una parte, gli assunti della Teoria dell'Attaccamento e della Teoria delle Relazioni Oggettuali, entrambe interessate a definire l'importanza delle relazioni infantili.

In sintesi, l'obiettivo perseguito si caratterizza dallo sviluppo dei seguenti punti:

1. Definire il concetto di attaccamento;

2. Definire il concetto di adolescenza, soffermandosi sui numerosi cambiamenti fisici, neurologici, sociali ed esperienziali;

3. Descrivere gli sviluppi dei legami affettivi dall'infanzia all'adolescenza;

4. Spiegare e illustrare la teoria dell'attaccamento e il suo costrutto tenendo conto delle teorie elaborate da vari teorici;

5. Definire e illustrare i MOI;

6. Descrivere le differenze riguardanti i rapporti tra padre-figli e madre-figli;

7. Presentare i test maggiormente utilizzati per la misurazione del livello di attaccamento;

8. Analizzare il metodo idealizzato dalla psicologa Mary Ainsworth, la "Strange Situation";

9. Definire e illustrare le teorie dei processi di sviluppo Socio-cognitivo dall'infanzia all'adolescenza.

In particolare, nel primo capitolo vengono descritti gli elementi fondamentali dapprima della teoria dell'attaccamento e i suoi successivi sviluppi, e poi delle relazioni oggettuali, per poi mettere in luce i diversi cambiamenti che si verificano nel passaggio dall'infanzia all'adolescenza, sia dal punto di vista cognitivo tentando di individuare in che modo tali acquisizioni sostengano i progressi su un piano meta-rappresentazionale e di ragionamento sociale, sia dal punto di vista delle riorganizzazioni dei Moi e delle Relazioni d'Oggetto interne.

Nel secondo capitolo vengono esaminati i vari studi e test sull'attaccamento, ossia le molteplici metodologie utili a classificare i bambini attraverso i vari apporti teorici. In particolare, vengono evidenziati gli studi derivanti da Mary Ainsworth, caratterizzanti la cosiddetta "Strange Situation". Inoltre, sono descritte le varie analogie e differenze che caratterizzano i rapporti tra i figli e le figure paterne e materne.

CAPITOLO 1
L'ATTACCAMENTO TRA INFANZIA E ADOLESCENZA

1. 1 L'ATTACCAMENTO: Definizione

L'attaccamento, simbolo fondamentale dell'esistenza, può essere definito come il dinamico legame affettivo che si instaura tra esseri viventi, sia animali che umani, in modo più o meno duraturo, nel mondo che ci circonda[2]. Analizzando e sviscerando il rapporto tra individui si possono distinguere tre importanti nozioni: l'attaccamento, il comportamento di attaccamento e il sistema dei comportamenti di attaccamento. Il primo termine indica, oltre il significato sopradetto, un legame selettivo che non è possibile riscontrare con le altre persone e che implica un sentimento di sicurezza, fiducia e protezione; il secondo descrive ogni forma di comportamento indirizzato alla ricerca e mantenimento di affinità di idee, pensieri, ecc. con altri soggetti, ossia il

---

2 Holmes J., *John Bowlby and Attachment Theory*, Routledge, London 1993, trad. it., *John Bowlby e la teoria dell'attaccamento*, in «La grande biblioteca della psicologia», XII (2007), pp. 71-73.

mezzo esplicito attraverso il quale vengono espressi i sentimenti; infine il sistema dei comportamenti di attaccamento costituisce uno schema del mondo in cui sono raffigurati il sé, gli altri soggetti e i loro scambi relazionali[3].

Pilastro portante e decisivo per la configurazione di una correlazione affettiva è la famiglia, organo sociale di primaria importanza che nei secoli ha sempre svolto, all'interno delle comunità, un ruolo garante per la sopravvivenza della società antica, moderna e contemporanea[4]. È proprio in questa istituzione che l'individuo apprende i metodi necessari per l'inserimento nella società. Dunque, la famiglia svolge un compito di straordinaria importanza per la formazione del soggetto, in quanto responsabile del suo sviluppo emotivo-affettivo, oltre che della sua educazione[5]. Per questo la relazione che si instaura fra genitori e figli, a partire dall'età infantile, è un fattore rilevante che condiziona sia il giusto sviluppo di

---

3 Holmes J., *John Bowlby and Attachment Theory*, Routledge, London 1993, trad. it., Federici S., Nebbiosi G. (a cura di), *La Teoria dell'attaccamento. John Bowlby e la sua scuola*, Raffaello Cortina, Milano 1994, pp. 12 e sgg.

4 Spina A., Marzocco L., *Il cuore buio*, Edizioni della Vela, Viareggio 2001, pp. 11-14.

5 Byng-Hall J., *Rewriting family scripts*, Guilford Press, New York 1995, trad. it., *Le trame della famiglia*, Raffaello Cortina, Milano 1998, p. 82: «*Una famiglia fornisce una rete affidabile di relazioni di attaccamento che consentono a tutti i membri della famiglia e a qualsiasi età di sentirsi abbastanza sicuri da spingersi a esplorare le relazioni che vi sono tra loro e quelle che hanno instaurato all'esterno della famiglia*».

bambini e adolescenti che le loro tappe di crescita e relazioni future, oltre ad assicurare la protezione del bambino dai pericoli.

Un'accezione, all'apparenza simile, ma sicuramente differente dal contenuto semantico del termine "attaccamento" è quella relativa al vocabolo "dipendenza". Secondo Mary Ainsworth (1913-1999), psicologa canadese ed esperta in psicologia dello sviluppo, dall'analisi dei due concetti si evincono otto punti che vanno presi in osservazione: livello di maturità, implicazioni affettive, comportamento di ricerca della vicinanza e di mantenimento del contatto, funzione biologica, implicazioni per lo sviluppo della personalità e per la psicopatologia, apprendimento, specificità e durata[6]. Per ciò che concerne il livello di maturità, mentre la dipendenza connota sicuramente immaturità, essendo il contrario dell'essere indipendente dagli altri individui, i legami di attaccamento, innanzitutto, sono presenti in tutto l'arco del ciclo della vita, rappresentano fatti naturali e laddove non ci fossero si prospetterebbero casi patologici; di conseguenza, non vi può essere immaturità nella costruzione di rapporti affettivi[7]. Il secondo punto, invece, risulta essere maggiormente problematico dal momento che non è del tutto possibile una chiara

---

6 Ainsworth M. D. S., *Patterns of attachment: a psychological study of the strange situation*, Lawrence Erlbaum Associates, Hillsdale, 1978, trad. it., Dazzi N., Speranza A. M. (a cura di), *Modelli di attaccamento e sviluppo della personalità*, Raffaello Cortina, Milano 2006, pp. 251-258.

7 *Ibidem*, pp. 259-262.

distinzione tra i due termini a causa degli scarsi studi e analisi circa il grado di affettività presente nella dipendenza; al contrario, nell'attaccamento si è arrivati a ribadire la presenza di profondi legami affettivi che alcuni studiosi indicano con il termine "passione", quando esso riguarda un rapporto molto intenso come quello familiare, e con "amore", nei casi meno intensi ma rilevanti. Anche per il comportamento di ricerca della vicinanza e di mantenimento del contatto non si riscontrano grandi differenze, infatti in ambedue i termini il fattore cardine è rappresentato dalla ricerca di vicinanza del soggetto con una figura di attaccamento; ciononostante, mentre l'attaccamento si orienta verso uno specifico soggetto, la visione della dipendenza non implica una ricerca verso individui particolari, in quanto appunto si caratterizza per la sua generalità. Riguardo alla funzione biologica all'interno di un sistema comportamentale, la Ainsworth afferma, citando Darwin, che essa è il risultato di quei fenomeni che in passato hanno permesso alla specie vivente di sopravvivere ed evolversi. Circa la quinta osservazione, la studiosa canadese sostiene, innanzitutto, come i due termini, "attaccamento" e "dipendenza" siano rilevanti all'interno della psicologia grazie alla teoria psicoanalitica, concernendo lo sviluppo della personalità, e all'eziologia della psicopatologia; inoltre, sottolinea come gli studiosi non analizzino il problema dell'attaccamento fine a se stesso, ma intendano impiegarlo come mezzo per esaminare i rapporti tra individui, la loro influenza sullo sviluppo della personalità e le cause della psicopatologia. In riferimento, invece, al sesto punto, Mary Ainsworth spiega come il rapporto di attaccamento si generi da particolari forme di apprendimento che si distinguono, secondo gli studiosi, durante lo sviluppo cognitivo; tuttavia alcuni ricercatori, come Sears, affermano che l'apprendimento si adatti più alla dipendenza che all'attaccamento. Nel penultimo punto si asserisce la differenza oggettiva tra i due termini, ovvero, l'attaccamento che è l'insieme dei legami affettivi che un individuo o animale avverte, nei confronti di un determinato soggetto, mentre la dipendenza è costituita da rapporti affettivi, ma più generalizzati e non verso una precisa persona. Infine sull'ultimo punto, concernente la durata, la Ainsworth afferma che, nella maggior parte dei casi, l'attaccamento è una manifestazione duratura, che non svanisce a distanza di tempo; al contrario, la dipendenza è una manifestazione temporanea e, dunque, è caratterizzata dalla mancanza di un rapporto permanente. Tuttavia, in alcune circostanze non si verifica tale differenza, come nel caso in cui alla morte di un genitore, madre o padre, non è da escludere che il figlio possa cessare il legame affettivo nei confronti del defunto a causa dell'accettazione della scomparsa e ricreare un altro rapporto con un individuo differente[8].

Di particolare importanza, nell'attaccamento, oltre ai legami familiari, risultano essere quelli tra individui della stessa età o cultura, definiti appunto gemellari;

---

8 *Ibidem*, p. 255.

quest'ultimi sono rilevanti in quanto attraverso essi, il soggetto soddisfa il bisogno di essere riconosciuto come appartenente agli altri del gruppo dei propri pari[9].

1.2 LO SVILUPPO: Dall'Infanzia all'Adolescenza

Col termine preadolescenza si identifica la fase di maggiori cambiamenti fisici e sessuali, che va dai 10-11 anni fino ai 14-15; in questo passaggio si verifica un profondo senso di smarrimento poiché un'acquisita maturità corporea non coincide con una maturità di tipo psicologico. Il corpo cambia e una nuova immagine del sé sembra avanzare, immagine che spesso non si è preparati ad affrontare: ecco perché sovente si manifesta una disarmonia, una goffaggine nei movimenti da parte del fanciullo. Non ci si identifica più pienamente col proprio corpo, dal momento che non si è più bambini ma non si è neanche adulti[10].

Quando si parla di infanzia e adolescenza non si può trascurare il concetto di sviluppo. Esso va inteso come un processo dinamico strettamente legato al contesto, è

---

9 Spina A., Marzocco L., *Il cuore buio... op. cit.*, pp. 51-52.

10 Quadrio Aristarchi A., Romana Puggelli F., *Obiettivo bambino, rischi e opportunità dall'infanzia all'adolescenza*, Giuffrè Editore, Milano 2006, pp. 90-91.

un processo che ha inizio nei primissimi mesi di vita e che avanza per tappe successive attraversando alcuni momenti critici, uno dei quali è proprio l'adolescenza. Le diverse tappe dello sviluppo umano comportano un accrescere ed un'acquisizione di competenze e abilità sempre più complesse. Tradizionalmente le fasi dello sviluppo vengono classificate in:

- Infanzia: che prevede l'acquisizione dell'autonomia psicomotoria dai 0 ai 6 mesi; sebbene i bambini appena nati non riescano a diversificare un determinato soggetto dall'altro, reagiscono comunque al contatto diretto con un individuo qualsiasi. Dal settimo mese, invece, incominciano a verificarsi vere e proprie trasformazioni evolutive che sottolineano l'inizio dell'attaccamento. Dunque, il bambino comincerà ad aggrapparsi alla figura della madre, esternando ansia e pianto nel contatto con persone diverse dalla figura materna.

- Fanciullezza: in cui si verifica l'apprendimento del linguaggio e nozioni di base; a partire dai 3-4 anni il bambino si avvia a concepire l'idea dei propri genitori come due individui diversi, con propri fini ed obiettivi, ed inoltre comincia a pianificare metodi per condizionare la loro volontà. Ad esempio, in questa fascia d'età, se un bambino non vuole che la propria madre esca senza di lui/e a fare la spesa o altro, cerca di influenzare quest'ultima attraverso un broncio, anziché piangere come faceva precedentemente, con l'intenzione di mantenere l'attaccamento.

- Pubertà: che è in relazione con la maturazione sessuale.

- Adolescenza: in cui si verificano la separazione, l'individuazione e l'acquisizione di un'identità[11].

Perciò l'adolescenza è possibile intenderla come tappa dello sviluppo che va dai 14-15 anni fino ai 18-20 anni (sebbene l'età di conclusione dipenda dai contesti di appartenenza e dalle peculiarità individuali), attraversata da una serie di mutamenti:

• di tipo *corporeo,* cioè tutti quei cambiamenti legati allo sviluppo fisico e alla maturazione puberale;

• di tipo *cognitivo* e *comportamentale,* cioè quelle trasformazioni legate allo sviluppo di nuove reti relazionali e di integrazione o talvolta di marginalità sociale[12].

Si tratta di una fase in cui si gettano le fondamenta per lo sviluppo dell'identità, la costruzione del Sé e l'emergere dell'autonomia[13]. È, dunque, un periodo

---

11 Angelini G., *Educare si deve ma si può?*, Vita e Pensiero, Milano 2002, pp. 90-94.

12 Vanni F., *Adolescenti, corpo e malattia. Ragazzi e ragazze che si ammalano: l'esperienza soggettiva e la cura*, Franco Angeli, Milano 2005, pp. 37-38.

13 Cfr. Giovannini D., Palmonari A., Speltini G., Bariaud F., Rodriguez Tomé H., *Aspetti comparativi dello studio della struttura*

caratterizzato da una serie di compiti di sviluppo, nel quale il soggetto ha bisogno di servirsi di efficaci strategie di *coping* che vanno complessificandosi in relazione al complicarsi dei contesti di vita, ma anche all'incremento delle proprie capacità cognitive e relazionali. L'adolescente si avvia verso un percorso di individuazione nell'ambito del quale comincia a delineare i confini tra sé e l'esterno, a stabilire le proprie aree di interesse e i propri sentimenti rispetto agli altri, riorganizzando i legami e, quindi, anche separando se stesso dagli altri, in particolare da quelle figure alle quali risulta particolarmente legato, come quelle parentali[14]. Tale periodo di transizione, tuttavia, risulta una tappa obbligata, che presenta una serie di problematiche che non hanno una natura diversa rispetto a quelle che ogni soggetto si trova a dover affrontare nell'intero corso della vita; esse però vengono sentite e percepite in maniera più intensa e tale da rendere necessarie adeguate strategie di sviluppo[15].

Riguardo alle trasformazioni fisiche e psichiche in età adolescenziale esistono due correnti di pensiero: da una parte tale periodo è concepito come una fase di crisi, simbolo del passaggio dall'infanzia all'età adulta; dall'altra come uno stadio di immenso progresso nel corso del ciclo della vita. Secondo il primo filone

dell'identità in adolescenti, in Giovannini D. (a cura di), *Identità personale: teoria e ricerca*, Zanichelli, Bologna 1979.
14 Cfr. Lutte G., *Psicologia degli adolescenti e dei giovani*, Il Mulino, Bologna 1987.
15 Boccia P., *Manuale di scienze sociali*, M&P Edizioni, Resana 2011, pp. 164-165.

teorico l'adolescente è incline a spinte motivazionali opposte, ovvero l'una definita spinta maturativa, caratterizzata dalla volontà di autonomia e l'altra denominata come moto regressivo e di conservazione, determinata dalla necessità del bisogno di protezione e sicurezza, per contrastare, ad esempio, la paura dell'abbandono genitoriale sia fisico che sentimentale; mentre la seconda corrente si indirizza verso una prospettiva evolutiva, ossia l'adolescenza oltre ad essere caratterizzata dai cosiddetti "compiti maturativi", costituisce l'unione di tutti i processi di adattamento psicologico dell'età della pubertà.

A tal proposito Erik Erikson (1902-1994), allievo di Freud, partendo dal presupposto che lo sviluppo umano dipenda dall'intersezione di variabili biologiche, psichiche e sociali, sostiene che nello sviluppo dell'adolescente giocano un ruolo determinante i fattori socio-culturali[16], in particolare lo studioso tende a sottolineare come le varie tappe dell'esistenza di un individuo siano caratterizzate dai "compiti evolutivi" che questi decide di affrontare. Tra questi ultimi, il più importante è la costruzione dell'identità[17], il senso del sé, che avviene attraverso otto stadi psicosociali. Per ogni stadio è necessario affrontare un compito evolutivo o "dilemma psico-sociale", che ha origine dalla relazione con l'ambiente. Secondo Erikson

---

16 Cfr. Erikson E., *Identity, youth and crisis,* Norton, 1968, trad. it., *Gioventù e crisi d'identità,* Armando, Roma 1974.
17 Cfr. Erikson E., *Dimensions of a new identity,* Norton, New York 1974.

l'identità si costruisce quando l'adolescente prende atto di essere la stessa persona malgrado i mutamenti fisici e psichici che lo hanno investito; questo gli consente di raggiungere anche una più ampia autonomia[18]. Raggiungimento dell'identità, tuttavia, non vuol dire cristallizzazione nell'ambito di ruoli ristretti: per Erikson l'identità è dinamica, è in divenire e si forgia attraverso la consapevolezza di restare se stessi pur mutando nel tempo. Ma come si costituisce tale senso del sé? Secondo lo studioso esso si forma gradualmente attraverso una serie di "autorappresentazioni" che il soggetto sviluppa nell'arco della propria esperienza di vita; grazie ad esse l'adolescente acquista una sempre maggiore stabilità, fondata su una più ampia consapevolezza delle proprie potenzialità e dei propri limiti[19].

Gli studi di Erikson furono portati avanti dallo psicologo canadese James Marcia, il quale indicò quattro modalità di approccio al dilemma psico-sociale, definendole come *stati dell'identità*[20]. Ciascuno stato si sviluppa a partire da due dimensioni fondamentali che sono *l'esplorazione* delle alternative che si pongono all'adolescente nell'ambito dei contesti in cui opera, dalla famiglia alla scuola, al gruppo dei pari, e *l'impegno* come capacità di portare avanti il compito che si è

---

18 Oasi O., Cavagna D., *Percorsi di psicologia dinamica*, Franco Angeli, Milano 2004, pp. 64-65.
19 Castelli C., *Orientamento in età evolutiva*, Franco Angeli, Milano 2002, pp. 20-21.
20 Marcia J., *Identity in adolescence*, in Andelson J., *Handbook of adolescent psychology*, Wiley, New York 1980.

scelto. In base alla capacità di esplorare e impegnarsi, Marcia distingue gli stati dell'identità in:

• *Identità realizzata:* che consiste in un'esplorazione efficace con il conseguente impegno verso ciò che si è scelto;

• *Moratoria d'identità:* in cui l'impegno viene meno e viene meno di conseguenza anche la scelta rispetto alle diverse alternative;

• *Blocco d'identità:* in cui è l'esplorazione che è limitata per l'insorgere di responsabilità gravose di cui farsi carico;

• *Diffusione d'identità:* causata da un'esplorazione superficiale e da impegno scarso che generano grande confusione[21].

Un altro studioso che cominciò a occuparsi dei problemi legati all'educazione, elaborando la nota teoria dei "compiti di sviluppo" sulla scia degli studi già avviati da Erikson, fu l'americano Robert J. Havighurst (1900-1991). Egli afferma che l'intera esistenza di ogni soggetto è caratterizzata da una serie di eventi che lo pongono dinnanzi a delle sfide e a delle scelte; bisogna adattarsi, quindi, di continuo ai mutamenti dovuti sia allo sviluppo, cioè di tipo biologico, sia ai contesti socio-culturali, legati all'acquisizione di competenze in momenti particolari ed in relazione ai contesti di interazione. In base a questa distinzione è possibile affermare, dunque, che alcuni compiti di sviluppo sono

---

21 Marcia J., *Development and validation of ego identity status,* in «Journal of Personality and Social Psychology», III (1966), pp. 551-558.

---

universali e altri culturalmente determinati. I diversi compiti che ci si trova ad affrontare permettono il passaggio ad una fase successiva di sviluppo. Tali compiti, inoltre, possono essere ricorrenti o meno, ma ogni età deve attraversare specifiche sfide evolutive. Havighurst elabora un elenco dei principali compiti evolutivi che caratterizzano l'adolescenza[22]:

• L'instaurazione di nuove relazioni al di fuori del contesto familiare con il gruppo dei pari di entrambi i sessi, che determina il confronto e lo scambio con realtà non note e dunque l'acquisizione di un ruolo sociale che presenti una certa stabilità;

• L'acquisizione di un ruolo maschile o femminile;

• L'accettazione del proprio corpo e il suo utilizzo efficace;

• L'indipendenza emotiva rispetto alle figure parentali e agli adulti in genere;

• La predisposizione verso un'indipendenza di tipo economico e di conseguenza la progettazione di un futuro e di un'occupazione;

•La tensione verso il matrimonio e la costituzione di una famiglia propria;

•Lo sviluppo di allargate competenze cognitive e di un bagaglio di conoscenze che servano a coesistere in maniera integrata con gli altri, attraverso la maturazione di un comportamento responsabile verso di sé e verso il

---

22 Cfr. Havighurst R. J., Neugarten, B., *Father of the man: how your child gets his personality*, Houhhton, New York 1947.

prossimo e la formazione di una coscienza civica, oltre l'acquisizione di una coscienza etica.

Il passaggio dall'infanzia all'età adulta, quindi, è una tappa obbligata che apre ampi orizzonti sconosciuti e che come tale, ovviamente, non è immune da sofferenze; ma è anche il periodo delle gioie più intense, meravigliose da difendere.

Suddetto passaggio è definito dalla psicanalista francese Françoise Dolto (1908-1988) non come un vero e proprio periodo di crisi, affermando che:

«La "crisi" adolescenziale non è una crisi più di quanto lo sia il parto; è la stessa cosa, si tratta di una trasformazione. Non si può dire che il bruco che diventa crisalide attraversi una crisi [...]. Il feto rischia la vita; solo così può nascere. Se non smettesse di respirare, non potrebbe avere inizio il travaglio del parto. È quindi necessario che rischi di morire. E in realtà muore in quanto feto per diventare neonato, ma deve rischiare. Ebbene l'adolescenza non è una crisi, è un periodo di trasformazione, cosa del tutto diversa[23]».

In effetti l'adolescenza è una "seconda nascita" che avviene per fasi progressive: ci si affranca gradualmente dalle figure parentali, così come nel passato ci si è distaccati dalla placenta.

Sempre a proposito dell'adolescenza la psicanalista parla del *complexe du homard*, ossia il complesso dell'astice. L'adolescente è come un astice durante la muta: senza

---

23 Dolto F., *Paroles pour adolescents ou le complexe du homard*, Hatier, Paris 1989, trad. it., Rognoni C. (a cura di), *I problemi degli adolescenti*, Longanesi, Milano 1994, p. 35.

guscio, obbligato a costruirne uno nuovo e per questo sottoposto ad ogni sorta di pericolo, è costretto ad andare a nascondersi fra gli scogli[24]. È in questa condizione di precarietà che il soggetto va incontro alla scoperta di sé, alle prime esperienze sociali, alla sessualità, alla scelta di un orientamento professionale, e anche spesso a situazioni di violenza, marginalità e droga, proprio perché vulnerabile e aperto a tutte le sollecitazioni esterne.

Le metamorfosi degli adolescenti, come asserisce lo psicologo e pedagogista Jean Piaget (1896-1980), sono più incisive nel modo di pensare, capire e ragionare inversamente a quanto accade a livello fisico[25]. Infatti è a partire da quest'età che il soggetto incomincia a ideare situazioni ipotetiche ovvero a ragionare secondo i termini causa-effetto. Anche se ci sono sostanziali differenze tra gli individui a livello di sviluppo cognitivo, è in questo periodo di sviluppo che si creano i primi ragionamenti circa le decisioni da intraprendere, che fino a poco tempo prima non potevano essere percepiti. Negli anni prescolari, infatti, le rappresentazioni del sé sono spesso provvisorie e contraddittorie, mentre durante il passaggio dall'infanzia all'adolescenza diventano sempre più complesse, caratterizzate da veri sentimenti e pensieri.

---

24 *Ibidem*, pp. 36 e sgg.

25 Cfr. Piaget, J., *Lo sviluppo mentale del bambino e altri studi di psicologia*, Einaudi, Torino 2000.

Riguardo la prospettiva evolutiva, infanzia-adolescenza, un altro studioso Sidney Blatt (1928-2014) approfondisce tale tematica, attraverso l'elaborazione di un modello di sviluppo concernente due linee evolutive distinte ma convergenti tra loro: analitica e introiettiva, la prima legata al fattore relazionale e l'altra allo sviluppo del sé[26]. Ed è attraverso l'influenza di queste due linee che l'adolescente riesce a raggiungere un'effettiva maturità; di conseguenza anche Blatt afferma come l'adolescenza sia una tappa importante per lo sviluppo.

Come attestano vari studiosi tra cui Main, Cassidy, Harlow, nel passaggio infanzia-adolescenza riguardo allo sviluppo psichico, il bambino, sin dalla nascita, forma relazioni con le persone, ricercandole in maniera attiva; dunque, l'obiettivo evolutivo dell'adolescenza, risulterebbe essere per questi studiosi, l'integrazione dello sviluppo del sé e della relazionalità, le due entità evolutive, in un unico sistema multiforme[27].

26 Cfr. Blatt S., *Una polarità fondamentale in psicoanalisi: implicazioni per lo sviluppo della personalità, la psicopatologia e il processo terapeutico*, in «Psicoterapia e Scienze umane», IV (2006).

27 Faliva C., *Tra normalità e rischio. Manuale di psicologia dello sviluppo e dell'adolescenza*, Maggioli Editore, Santarcangelo di Romagna 2011, pp. 101-103.

1.3   L'ADOLESCENZA

Il termine "adolescenza", termine che sembrerebbe essere moderno, non è stato coniato nel XIX secolo: fin dall'antica Roma il vocabolo "puer" indicava il fanciullo fino ai 15 anni circa e con il termine "adulescentia" si definivano i giovani fino ai 30 anni circa. Con l'età moderna e la nascita degli Stati nazionali, il lemma "adolescenza" giunse ad indicare il periodo dell'addestramento alle armi. Ma è, per l'appunto, solo a partire dal fenomeno dell'industrializzazione del XIX secolo che sorge l'adolescente moderno e l'attenzione scientifica nei suoi confronti. Nel corso dei decenni vari studiosi si sono adoperati nello studio sull'adolescenza e nella risoluzione delle sue varie problematiche connesse ad un'età dell'individuo molto caotica ed irreprimibile; fra questi è possibile citare Stanley Hall, Kurt Lewin, Peter Blos, Sigmund Freud[28].

Stanley Hall (1844-1924) fu il primo psicologo ad elaborare una teoria sull'adolescenza, il quale cercò di analizzare il fenomeno sulla base di un metodo scientifico, in relazione agli sviluppi che le scienze biologiche, etologiche, fisiologiche avevano raggiunto in quel periodo. Di sicuro i suoi studi non poterono prescindere dalla rivoluzione darwiniana, e in effetti il

---

28 Danesi M., *Eternamente giovani. L'«adolescenza» della cultura moderna*, Armando, Roma 2006, pp. 17-20.

postulato dal quale Hall parte è che le caratteristiche di quella fase dello sviluppo definita come adolescenza siano biologicamente determinate, dunque indipendenti da fattori di tipo ambientale o culturale. Lo psicologo effettua una sorta di traslazione della teoria dell'evoluzione per selezione, dall'ambito della biologia a quello della psicologia. L'uomo si evolve dal punto di vista biologico attraverso meccanismi di selezione, il suo sviluppo ontogenetico presenta, dunque, delle tappe necessarie e ineludibili descritte da Hall come: infanzia, fanciullezza, giovinezza e adolescenza. Sulla scia di Haeckel, il Nostro rielabora la Legge di ricapitolazione, secondo cui lo sviluppo dell'individuo riprodurrebbe quello della specie; in effetti per Hall l'adolescenza corrisponderebbe dal punto di vista della filogenesi ad un'età preistorica caratterizzata da cruente battaglie, spostamenti di massa, e culto degli eroi che prelude alla nascita della civiltà[29]. Nel 1904 pubblicò il testo *Adolescence*, un esteso trattato in due volumi. La tesi di fondo emergente dal testo è che c'è una forte discontinuità tra la dimensione dell'infanzia e quella dell'adolescenza (periodo che si estenderebbe dai 12-13 anni fino ai 22-25), che si estrinseca in una netta rottura con il proprio passato e in quella che può essere definita come una "nuova nascita" in cui si rinnovano tutti gli aspetti della personalità[30]. Tale passaggio risulta

---

29 A tal proposito nella sua opera *Adolescence: Its Psychology and Its Relations to Physiology, Anthropology, Sociology, Sex, Crime, Religion, and Education*, Appleton, New York, 1904, p.43, Hall afferma: «*We have all traversed in our own bodies ameboid, helminthoid, piscian, amphibian, anthropoid, ethnoid [...]*».

piuttosto drammatico, ovvero si manifesta uno spostamento dall'attenzione della realtà esterna con le sue caratteristiche, verso il proprio mondo interiore e le sue mutevoli sfaccettature mediante una tempesta emozionale che mette insieme sentimenti contrastanti e repentini cambi di umore: dal dolore all'entusiasmo sfrenato, dall'amore all'odio, connessi anche con lo sviluppo della sessualità[31].

Kurt Lewin (1890-1947) definisce l'adolescenza come la fase di passaggio tra fanciullezza e l'età adulta, una fase di mutamento che produrrà conseguenze in tutta la vita del soggetto. I mutamenti da cui è caratterizzata non sono improvvisi e possono essere gestiti e risolti in maniera efficace portando il soggetto all'entrata nella maturità individuale e relazionale; tuttavia una cattiva gestione di questa fase, secondo lo studioso, può produrre problematiche di tipo intrapsichico[32]. Implicando una successione di riadattamenti che si realizzano attraverso l'interazione continua tra organismo e ambiente, l'adolescenza è stata studiata da Lewin tenendo ben presente il contesto.

---

30 *Ibidem*.
31 Bressa G. M., Pisanu N., Del Monte M., Improta S., *Reduci dall'adolescenza. Prospettive psicologiche, cliniche e socio-educative*, Franco Angeli, Milano 2012, p. 22.
32 A tal proposito cfr. Lewin K., *Feldtheorie in den Sozialwissenschaften*, Hans Huber, Bern 1963, trad. it., Trombetta C., Rosiello L., *La ricerca-azione. Il modello di Kurt Lewin e le sue applicazioni*, Erickson, Trento 2000; Lewin K., *Resolving social conflicts: selected papers on group dynamics*, Harper, New York 1948.

Anche lo studioso Peter Blos (1904-1997) dà un suo contributo alla tematica sull'adolescenza; egli la definisce come una fase di cambiamento che sfocia nella strutturazione della personalità e che prevede il sorgere di rappresentazioni realistiche su se stessi e in generale sul mondo, una maggiore flessibilità del super-io, la formazione dell'ideale dell'io e il raggiungimento di una precisa identità sessuale[33]. L'adolescenza rappresenta per Blos la seconda fase del processo di separazione-individuazione, che avviene la prima volta nell'ambito della diade madre-bambino: così come il bambino si separa dalla figura materna interiorizzandone l'immagine, e passando da una condizione intrapsichica di indifferenziazione con la madre ad una sorta di coscienza di sé e di separazione rispetto al mondo, allo stesso modo l'adolescente deve separarsi dai propri oggetti interiorizzati, dalla famiglia che è stata fondamentale nella fase fallica e di latenza dello sviluppo, per accedere al mondo esterno ai genitori, maturando dei confini stabili nelle rappresentazioni del sé e dell'oggetto[34].

---

33 Cfr. Blos P., *The adolescent passage. Developmental iussues*, International Universities Press, New York 1979; Blos P., *On adolescence: A psychoanalytic interpretation*, The Free Press, New York 1962, trad. it., *L'adolescenza: un'interpretazione psicanalitica*, Franco Angeli, Milano 1971.

34 In sintesi secondo Blos l'adolescenza si caratterizza per due nuclei problematici fondamentali: il distacco dall'oggetto infantile e la maturazione dell'io, attraverso lo sviluppo di un carattere stabile. Secondo Blos, in *On adolescence...op.cit.*, p. 34, il carattere è «*quell'aspetto della personalità che modella le risposte di ogni individuo agli stimoli che provengono sia*

Nell'ampia letteratura prodotta dal genio della psicanalisi, Sigmund Freud (1856-1939), l'adolescenza non occupa uno spazio cospicuo. Tuttavia, egli sostiene che la dottrina psicanalitica dell'adolescenza si fonda sul principio di ricapitolazione delle fasi precedenti: i cambiamenti relativi alla maturazione sessuale determinerebbero una ristrutturazione delle pulsioni parziali sotto la sfera genitale, conducendo l'adolescente verso la maturazione sessuale[35]. Più che di adolescenza Freud parla di pubertà, in particolare nella sua opera del 1905, *Tre saggi sulla teoria sessuale*, perché è in questo periodo che avverrebbero le maggiori trasformazioni, la maturità sessuale ed il distacco dalle figure parentali. A tal proposito Freud scrive:

«*Col sopraggiungere della pubertà, avvengono trasformazioni destinate a dare alla vita sessuale infantile la forma normale definitiva[…]. Le zone erogene vengono assoggettate al primato della zona genitale*[36]».

Il percorso verso l'indipendenza, quindi, è caratterizzato da una fase di rifiuto nei confronti dei genitori, o comunque di fervida opposizione, necessaria per la costituzione di un'identità propria. L'adolescenza in effetti intesa come ultima fase dello sviluppo

dall'ambiente sia dal Sé».

35 Cfr. Freud S., *Psicologia del ginnasiale*, in Opere, vol. 7, Bollati Boringhieri, Torino 2006.

36 Freud S., *Drei abhandlungen zur sexualtheorie*, Loescher, Leipzing 1905, trad. it., Musatti A. C. (a cura di), *Tre saggi sulla teoria sessuale e altri scritti (1900-1905)*, in Opere, vol. 4, Bollati Boringhieri, Torino 2006, p. 168.

psicosessuale, termina per Freud solo quando l'individuo risulta capace di amare e lavorare.

Altri approfondimenti sulla tematica adolescenziale sono stati trattati dalla figlia di Freud, Anna Freud[37] (1895-1982) la quale rispetto al padre si sofferma più attentamente sull'adolescenza, sebbene ne conservi l'idea di fase di ricapitolazione della tappa di sviluppo precedente. La studiosa si focalizza sul conflitto derivante dall'incremento pulsionale e analizza in particolare i meccanismi di difesa che l'adolescente pone in essere per superare la conflittualità, problema che rappresenterebbe, per la studiosa, il decorso normale dello sviluppo, che al contrario risulta per certi versi anomalo laddove non preveda conflittualità[38]. Anna Freud definì questa fase caratterizzata dalla difficile ricerca di un equilibrio che si muove tra le polarità antinomiche di attrazione verso l'autonomia da un lato, e timore della separazione e dell'ignoto dall'altro.

---

37 Recalcati M., *Introduzione alla psicanalisi contemporanea*, Mondadori, Milano 1996, pp. 29-30.
38 A tal proposito cfr. Freud A., *The Psycho-analythical treatment of children. Technical lectures and essays*, Universities Press, New York 1958, trad. it., *Adolescenza*, in Opere, vol. 2, Bollati Boringhieri, Torino 1979; Freud A., *Adolescence as a developmental disturbance*, Universities Press, New York 1969, trad.it., *L'adolescenza come disturbo evolutivo*, in Opere, vol. 3, Bollati Boringhieri, Torino 1979.

1.4   JOHN BOWLBY E LA SUA TEORIA DELL'ATTACCAMENTO

L'autore della cosiddetta "teoria dell'attaccamento" fu lo studioso inglese, Edward John Mostyn Bowlby, il quale nacque a Londra il 26 febbraio 1907, cresciuto durante il periodo dell'infanzia con i suoi amati fratelli, in una famiglia dell'alta borghesia inglese. E fu proprio grazie all'influenza del padre, il generale maggiore e chirurgo Anthony Bowlby, che John iniziò i suoi studi ed analisi in campo medico[39]. Oltre all'apporto iniziale del padre, un altro fattore indusse Bowlby a cimentarsi nello studio dell'attaccamento, la sua infanzia; in effetti, ebbe un passato abbastanza travagliato, caratterizzato

---

39 Favretto A. R., Bernardini C., *Mi presti la tua famiglia? Per una cultura dell'affidamento eterofamiliare per minori*, Franco Angeli, Milano 2010, p. 221.

dall'assenza dei suoi genitori e, pertanto, dalla scarsità di cure ed attenzioni materne e paterne necessarie, relegandolo alle cure di altre persone[40].

Le potenzialità intellettuali del Nostro si videro già a partire dal periodo universitario; infatti, conseguì la laurea con il massimo dei voti in Scienze Precliniche e in Psicologia. Successivamente accettò il suo primo impiego presso la scuola di Summerhill; presso questo Istituto egli visse due forti esperienze, che avrebbero segnato il suo percorso professionale, ossia l'incontro con bambini che presentavano disturbi, disturbi che, dopo attente analisi, comprese essere legati al loro passato infantile difficoltoso. Ad esempio, con un bambino, John Alford, con il quale trascorse molto tempo utile per formulare ragionamenti riguardo all'esperienza familiare di un individuo a partire dai primi anni d'età, comprendente le varie fasi di sviluppo della personalità e del carattere; e fu proprio ciò ad indirizzarlo verso gli studi di Psichiatria e Psicologia infantile, presso il 'British Psycohoanalytic Institute[41]'. Qui, i suoi studi furono inizialmente influenzati dall'incontro con Melanie Klein, suo supervisore psicoanalitico, con la quale, però, successivamente cominciarono a verificarsi contrasti ideologici su vari

---

40 Testimoniato anche dalle parole dello Stesso a proposito della sua famiglia in Fonzi A., *Manuale di psicologia dello sviluppo*, Giunti, Firenze 2001, pp. 33-34: «*[…]normale famiglia di un professionista, abbastanza unita-non unitissima-ma abbastanza unita, che viveva un genere di vita piuttosto tradizionale…con bambinaie naturalmente*».

41 Holmes, *John Bowlby… op. cit.*, p. 20.

casi clinici, come la vicenda di un paziente di 3 anni, affetto da iperattività, al quale, secondo il Nostro, sarebbe stata opportuna un'attenzione maggiore concernente l'eziologia dei suoi disturbi, rispetto a quella datagli dalla Klein. Nel 1940 il nostro studioso inglese riuscì a divenire membro della società psicoanalitica e, nello stesso anno, pubblicò un articolo, fondato su idee che si ritroveranno successivamente in altre opere in forma più sviluppata, dal titolo *"The Influence of early environment in the development of nevrosis and neurotic character"*, in cui propose una propria teoria sulle cause delle nevrosi, influenzate ed originate, secondo Bowlby, da fattori ambientali nei primi anni di vita, uno fra tutti la separazione del bambino dalla madre per vari motivi.

A tal proposito affermò che:

«*Se il fatto che i bambini piccoli non siano mai completamente o troppo a lungo separati dai loro genitori fosse diventato parte della tradizione, allo stesso modo in cui il sonno regolare e la spremuta d'arancio sono diventate consuetudini nell'allevamento dei piccoli, credo che molti casi di sviluppo nevrotico del carattere sarebbero stati evitati[42]*».

Oltre all'articolo sopracitato, ne scrisse altri, tutti improntati sulla considerazione di come la psicoterapia potesse divenire una soluzione per la risoluzione di problematiche sia soggettive che generali. Nell'anno

---

42 Bowlby J., *The Influence of early environment in the development of neurosis and neurotic character*, in «the International Journal of Psychoanalysis», XXI (1940), p. 155.

1940, caratterizzato dalla Seconda guerra mondiale, entrò a far parte, dopo essersi arruolato volontario, delle commissioni militari con il compito di selezionare gli ufficiali idonei; anche in questo periodo le sue qualità intellettuali furono da subito lampanti. Dopo esser divenuto membro di un'unità di ricerca ad Hampstead, nel 1946, appena terminata la Seconda guerra mondiale, coprì il ruolo di direttore del 'Children's Department' alla 'Tavistock Clinic', all'interno del quale istituì un dipartimento infantile dove fece supervisioni ed analisi sui pazienti; nelle sue ricerche si sforzò di far capire come la presenza della madre fosse necessaria ed utile per lo sviluppo del bambino sin dalla tenera età[43]. Nel 1950 fu incaricato direttamente dall'OMS (Organizzazione Mondiale della Sanità) a compiere indagini sullo status di salute mentale dei bambini senza genitori, abbandonati ed orfani; dopo essersi confrontato con molte figure rilevanti della Psicologia Infantile, arrivò alla redazione della relazione del suo lavoro dal titolo *"Maternal care and mental health*[44]*"*. Tale elaborazione fu incentrata su due idee, in particolare Bowlby sottolineò come la scarsità di attenzioni e di cure materne verso i propri figli nel periodo dell'infanzia generasse problematiche riguardo allo sviluppo della personalità ed evidenziò le conseguenze derivanti da una totale assenza delle stesse; inoltre, pose

---

43 Parkes C. M., Stevenson-Hinde J., Marris P., *Attachment across the life cycle*, Routledge, London 1991, trad. it., *L'attaccamento nel ciclo della vita*, Il Pensiero Scientifico, Roma 2000, p.5.
44 Fonzi, *Manuale di psicologia... op. cit.*, pp. 34-35.

in risalto come tali bambini provassero molto tormento ed, al tempo stesso, diede dei consigli per migliorare i loro comportamenti derivanti da vere e proprie patologie. Infine, giudicò negativamente quelle strutture che si occupavano di adozioni, confidando nell'impegno delle amministrazioni pubbliche affinché prevenissero gli abbandoni in contesti familiari difficili. Dopo aver ricoperto varie cariche di primo piano affiancate da varie sue pubblicazioni di lavori concernenti l'ambito psicoanalitico, il 2 settembre 1990 venne colto da un malore e morì[45].

Bowlby, in quanto membro rappresentativo della società psicoanalitica britannica, fu fautore della "teoria dell'attaccamento" grazie all'apporto ed il contributo teorico di vari studiosi come Harlow, Lorenz, Freud, Melanie Klein, oltre alle discipline teoriche della psicoanalisi e dell'etologia. Da Harlow (1905-1981) apprese concetti derivanti da uno studio sulle scimmie, che è possibile ritrovare nel suo lavoro dal titolo *"The nature of love"*; egli raffigurò il modo in cui separò subito dopo la nascita piccoli esemplari di scimmie dalle loro madri e come furono ugualmente allevati dalle cosiddette "madri fantoccio[46]". Descrivendone i

---

45 Parkes, Stevenson-Hinde, Marris, *Attachment across... op. cit.,* p.10.
46 Per le ricerche sull'affettività condotte dallo studioso è possibile consultare alcune delle sue principali opere: Harlow H. F., *The nature of love*, in «American Psychologist», XIII (1958), pp. 673–685; Harlow H. F., *Effects of various mother infant relationships on rhesus monkey behaviors*, in Foss B. M. (a cura di), *Determinants of Infant Behavior IV*, Methuen, London 1969, pp. 15-36; Harlow H.

passaggi, i piccoli dovettero scegliere tra una madre
fantoccio caratterizzata dalla presenza di biberon, ed
un'altra avente una stoffa pelosa e senza biberon; lo
studioso notò che le adescate piccole scimmie ebbero
come predilezione l'accostamento verso la scimmia
senza biberon. Concluse, allora, che il legame di
attaccamento tra madre e figlio non è rappresentato
solamente dall'apporto nutrizionistico di una madre[47].

Un altro esempio di analisi dei comportamenti
all'interno del rapporto madre-figlio, all'interno del
mondo animale, gli venne dato dall'etologo austriaco
Konrad Lorenz (1903-1989); al posto delle scimmie,
Konrad usò delle oche appena nate e, in particolar
modo, si concentrò sul loro movimento caratterizzato
dall'inseguire la madre[48]. Lo studioso notò che i piccoli,
per l'allontanamento della madre, mostravano sintomi
simili all'angoscia causati indipendentemente dal
desiderio di soddisfacimento del bisogno di nutrizione;
anche da questo caso Bowlby apprese come il
nutrimento concesso da una madre al proprio piccolo
non è un fattore determinante ai fini dell'attaccamento,
ma solo una tappa importante del suo sviluppo. Sia
Harlow che Lorenz furono due studiosi di spicco della
corrente etiologica, a cui Bowlby si avvicinò dopo il
periodo degli studi psicoanalitici. A tal proposito, fu

F., *The development of affectional responses in infant monkeys*, in
«Proceedings of the American Philosophical Society», 102 (1958),
pp. 501–509.
47 Holmes, *John Bowlby... op. cit.*, p. 68.
48 Lorenz K. Z., *The companion in the bird's world*, in «The Auk»,
54 (1937), pp. 245–273.

proprio durante le ricerche psicoanalitiche che il nostro studioso sperimentò due tipi diversi di legami di attaccamento in relazione a due teorie: la teoria delle pulsioni e la teoria delle relazioni oggettuali che presentavano, per Bowlby, lacune sostanziali[49]. La teoria delle pulsioni, di stampo freudiano, attestava che il rapporto che nasce tra madre e figlio è caratterizzato dalla cosiddetta libido o energia fisica, ossia il bambino sente il bisogno dell'avvicinamento costante di un curatore, di una presenza utile per soddisfare alcuni suoi bisogni come quello del nutrimento e per esprimere la sua sessualità infantile. In caso di assenza di tale figura vicina al bambino, si crea in quest'ultimo un grande senso di instabilità e di angoscia, che Freud denominò con il termine "angoscia segnale", ogni qualvolta che il bambino si sente isolato e senza *caregiver*. Riguardo alla teoria delle relazioni oggettuali, innanzitutto, risulta necessario sottolineare come nel corso del tempo tale teoria abbia avuto differenti connotazioni; alcuni teorici affermarono che il concetto di relazione oggettuale fosse costruito partendo dalla teoria pulsionale di Freud, altri, invece, sostennero come la predetta teoria non fosse in alcun modo legata all'idea di pulsione freudiana[50]. Esponenti del principio delle relazioni oggettuali furono William R. Fairbairn (1889-1964) e Melanie Klein (1882-1962); il primo sottolineò come la

---

49 *Ibidem*, pp. 66-70.
50 Greenberg J. R., Mitchell S., *Object relations in psychoanalytic theory*, Harvard University Press, Harvard 1983, trad. it., Mattioli C. (a cura di), *Le relazioni oggettuali nella teoria psicoanalitica*, Il Mulino, Bologna 1986, pp. 378-380.

libido (desiderio o voluttà) non ricerchi il piacere ma bensì l'oggetto, attestando come il piacere non sia energia massima, ma piuttosto il prodotto derivante dalla qualità relazionale tra l'oggetto e l'io, e come la metamorfosi di uno stato comportamentale, ad esempio l'angoscia, si verifichi a causa di un mutamento nella relazione oggettuale anziché da una scarica energetica[51].

La Klein, come Fairbairn, sottolineò l'importanza "dell'oggetto" e affermò come il bambino avesse legami psicologici e fisiologici sia con la madre che con il suo seno[52];

51 Fairbairn W. R., *A revised psychopathology of the psychoses and psychoneuroses,* in «International Journal of Psycho-Analysis», 22 (1941), pp. 250–279.
52 Cfr. Klein M., *The Psycho-Analysis of Children*, Hogarth, London 1932, trad. it., Thorner H. A., Strachey A. (a cura di), *La psicoanalisi dei bambini,* Fabbri Editore, Milano 2007. Per una

quest'ultimo, secondo la Klein, oggetto del rapporto madre-figlio. Se il seno portava benefici al bimbo, quindi nutrimento e calore fisico, si prefigurava come "oggetto buono", al contrario se il seno non soddisfava il bambino, ovvero risultava non presente, mancante, si delineava come un "oggetto cattivo", fattore che incideva negativamente sulla relazione tra madre e figlio[53], come si evince dalla tabella sottostante.

	Teoria freudiana classica	Teoria delle relazioni oggettuali	Teoria dell'attaccamento
Autori principali	S. Freud A. Freud	Melanie Klein Donald Winnicott Ronald Fairbairn Wilfred Bion Michael Balint Margaret Mahler	John Bowlby Daniel Stern
Modelli di sviluppo normale			
Attaccamento	basato sulla pulsione; meta della pulsione è la "scarica"; l'attaccamento è una "pulsione secondaria"	attaccamento al seno che gratifica (ma vedi l'"istinto di aggrapparsi" di Balint)	intra-personale; l'attaccamento primario dura tutta la vita
Stadi	1) pre-edipico •edipico 2) orale •anale •fallico •genitale	1) 1 persona •2 persone •3 persone (Balint) 2) autismo infantile •separazione-individuazione •rinvicinamento (Mahler) 3) posizione schizoparanoide •posizione depressiva (Klein)	riconoscimento del pattern •differenziazione materna •attaccamento con scopo programmato •relazione
Ruolo dei genitori nello sviluppo normale	intrinsecamente traumatico; amore della madre contrapposto all'angoscia di castrazione	intrinsecamente traumatico; scissione tra seno gratificante e seno frustrante che può essere superata per mezzo di 1) holding (Winnicott) 2) trasformazione "metabolizzante" (Bion)	sintonia; capacità di fornire risposte sensibili; base sicura	superamento della frustrazione dovuta alla separazione
Modello della mente			
	conscio/inconscio •Es, Io, Super-io	1) oggetto buono/oggetto cattivo • oggetto intero (colpa, riparazione) (Klein) 2) oggetto libidico/oggetto antilibidico, sé libidico/sé antilibidico (Fairbairn)	modelli operativi interni; corretta gerarchia; rappresentazione del sé e dell'altro

Tabella 1: Comparazione tra teoria classica, teoria delle relazioni oggettuali e teoria dell'attaccamento[54].

---

bibliografia esaustiva sulle teorie della Klein cfr. Klein G., *Introduction to the Work of Melanie Klein*, Hogarth Press, London 1973.
53 Zavattini C., Lis A., Stella S., *Manuale di psicologia dinamica*, Il Mulino, Bologna 1999, pp. 57-62.
54 Holmes, *John Bowlby... op.cit.,* p.140.

Sia la psicanalisi che la teoria delle relazioni oggettuali risultarono per Bowlby insoddisfacenti; l'attaccamento tra il bambino piccolo e la madre non era prettamente caratterizzato dall'istinto di nutrimento, come attestarono sia Freud che la Klein, ma bensì da una connessione psicologica. A tal proposito il Nostro affermò che:

«La fame del bambino piccolo per l'amore e la presenza della madre è grande quanto la sua fame per il cibo[...]. La teoria dell'attaccamento fornisce un linguaggio nel quale viene data piena legittimità alla fenomenologia dell'esperienza di attaccamento. L'attaccamento è un "sistema motivazionale primario" con i suoi modi di operare ed interfaccia con altri sistemi motivazionali[55]*»*.

Nel complesso, i sopracitati apporti derivanti dall'etologia e dalla critica teorica della psicanalisi portarono John Bowlby a delineare una teoria dell'attaccamento, rappresentante il mezzo idoneo necessario al bambino per ottenere uno status ottimale di stabilità, ovvero non come mezzo meramente fisiologico. L'attaccamento, secondo il Nostro, è caratterizzato dai sentimenti e dalle sensazioni che scaturiscono dal legame madre-figlio; dunque, dal fanciullo, il sentirsi amato, protetto, guardato è tradotto in espressione di sicurezza e benessere. Pertanto, nei momenti in cui si trova con individui che ama, il piccolo si sente appagato, contento, mentre quando subisce la

---

55 Bowlby J., *Attachment and Loss*, vol. 2: *Separation: Anxiety and Anger*, Hogarth Press, London 1973, trad. it., Sborgi C. (a cura di), *Attaccamento e perdita. Vol.2: La separazione dalla madre*, Bollati Boringhieri, Torino 1975, p. 135.

lontananza di persone a cui vuol bene, manifesta solitudine, tristezza e rabbia come è possibile osservare nella tabella sottostante.

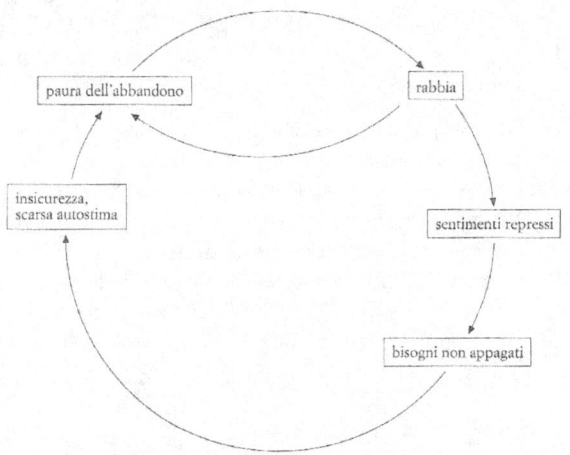

Tabella 2: L'attaccamento ansioso nel bambino piccolo[56]
.

L'attaccamento, così inteso, costituisce un bisogno fondamentale che dovrebbe permanere lungo tutto il ciclo della vita dell'individuo[57], quindi, anche in età adulta. Secondo Bowlby il neonato possiede una

---

56 Holmes, *John Bowlby... op.cit.* p. 148.
57 Parkes, Stevenson-Hinde, Marris, *Attachment across... op. cit.,* p. 13.

predisposizione biologica che lo porta a sviluppare un attaccamento per chi si prende cura di lui[58]. Inizialmente il bambino mostra una serie di risposte diverse, divise da Bowlby in due categorie: il *comportamento di segnalazione* (il pianto, il sorriso e la lallazione); il *comportamento di avvicinamento* (come l'aggrapparsi, il seguire o raggiungere il genitore).

Con il passare del tempo il bambino impara a riconoscere le persone che si prendono cura di lui, infatti, verso il nono mese possiamo notare dei segni inequivocabili di legami di attaccamento ben sviluppati e anche quindi l'insorgere di sentimenti di paura nei confronti di persone non familiari (paura dell'estraneo). Una volta formatisi i legami di attaccamento, i comportamenti dei bambini assumono un carattere di intenzionalità, cioè essi imparano a pianificare le loro azioni in funzione di un obiettivo (es. il pianto intenzionale può essere utilizzato per richiamare la madre). Un ulteriore sviluppo che in questi ultimi anni ha ricevuto un'attenzione sempre maggiore, riguarda ciò che Bowlby chiama 'modelli operativi interni'; i bambini, verso il secondo anno di età diventano capaci di avere una rappresentazione interna del mondo in forma simbolica, sviluppando anche un modello di se stessi, delle persone importanti che li circondano e delle relazioni che hanno con queste persone. Tali modelli gli permettono di anticipare il comportamento dell'altro e

58 Per approfondire cfr. Bowlby J., *Attachment and Loss. Vol. 1: Attachment*, Hogarth, London 1969, trad. it., Sborgi C. (a cura di), *L'attaccamento alla madre*, Bollati Boringhieri, Torino 1972.

di pianificare un'adeguata linea di risposta. Sulla struttura di questi modelli complementari sono basate le previsioni che un individuo fa su quanto le sue figure di attaccamento potranno essere accessibili e disponibili, se egli si rivolgerà a loro per aiuto. Così, se un bambino ha avuto delle esperienze precoci con una figura di attaccamento pronta ad offrire aiuto e conforto, costruirà un modello di Sé come una persona degna di essere incoraggiata e che può aspettarsi di essere amata, formandosi così una rappresentazione interna degli altri come persone in grado di aiutarlo in caso di necessità. Al contrario, laddove la prontezza nella risposta ai bisogni di sicurezza non è stata assicurata dalla figura di attaccamento o laddove avrà sperimentato in quel periodo una madre rifiutante, il bambino formerà, invece un modello mentale di Sé come di una persona non degna di essere amata ed incoraggiata, ed un modello della figura di attaccamento come di una persona da cui non può aspettarsi nulla.

Le ricerche condotte all'interno della teoria dell'attaccamento, infatti, hanno fin dall'inizio cercato di individuare il contributo dato dalla figura di attaccamento principale allo strutturarsi del legame affettivo. È necessario che il legame di attaccamento si costruisca in modo adeguato, poiché è da tale relazione che avviene un regolare sviluppo della personalità; sentimenti come depressione o angoscia avvertiti in età adulta potevano derivare da stati di disperazione caratterizzanti il periodo della fanciullezza, causati, quindi, dal distacco delle figure di attaccamento[59]. Tali separazioni dagli individui amorevoli potevano essere vissuti differentemente a seconda dei momenti in cui si realizzavano, caratterizzati sia dall'ambiente che dalla presenza di un'altra persona in grado di rimpiazzare il *caregiver*.

L'importanza della figura della madre venne sottolineata anche dallo psicologo italiano Guido Petter, il quale affermò:

«Io penso che dei bambini piccoli debba occuparsi la madre. Lei li capisce, ha intuito, le cose gliele suggerisce il suo istinto. Così il bambino comincia ad affezionarsi a lei, è già una bella cosa. Non credo che, finché è piccolo, possa riuscire ad affezionarsi a varie persone [...]. Come padre, dunque, mi tengo di riserva, mi limito a guardarlo. Se intervenissi anch'io, combinerei pasticci, sarei un elemento di disturbo. Mi farò avanti più tardi, quando avrà due o tre anni, e sarà in grado di capirmi. Allora lo accompagnerò al giardino dei giochi, oppure in bici [...] [60]*».*

A tal proposito così si espresse Bowlby:

«There are now such evidence as to leave no doubt [...] that prolonged effects on his character and thus of all his future life. A proposition is very similar in form to those that concern the negative after effects of rubella before birth or lack of vitamin d during childhood [61]*».*

Dunque, la teoria dell'attaccamento di John Bowlby si fonda su tre elementi caratterizzanti: la ricerca della

59 Zavattini, Lis, Stella, *Manuale di psicologia... op. cit.,* p. 49.
60 Petter G., *Il mestiere di genitore*, Rizzoli, Milano 1994, p. 69.
61 Bowlby J., *Child care and the growth of maternal love*, Penguin Books, London 1955, p. 23.

vicinanza ad una figura preferita, l'effetto 'base sicura' e la protesta per la separazione. Il primo punto è costituito dalla ricerca del bambino della propria FdA (figura di attaccamento) a livello sensitivo, ovvero uditivo, visivo fin dai primi mesi di vita, importanti per la creazione della stabilità e sicurezza del fanciullo; affinché quest'ultimo si senta a suo agio con altri individui risultano essere molto importanti il temperamento, l'età, la sensazione di essere stanco, spaventato, circostanze che indurranno una maggiore ricerca di figure amorevoli. Il secondo punto invece è rappresentato da un'aria di sicurezza e tranquillità che caratterizza il rapporto con il *caregiver*, importante per lo sviluppo della curiosità nel fanciullo; vi è, quindi, la fiducia in quest'ultimo di riuscire a trovare nelle FdA una sorta di porto sicuro nei momenti di difficoltà, ovvero un punto di riferimento per ripararsi dai pericoli in caso di necessità[62]. L'ultima caratteristica, costituita dalla totalità delle risposte del bimbo nei periodi in cui si sente minacciato dalla non protezione dei genitori, quindi, da grida, morsi, pianto, ossia comportamenti aventi lo scopo di punire tale separazione, al fine di evitare ulteriori ripetizioni negative[63]. Tali peculiarità secondo Bowlby si sviluppano dopo i primi sei mesi di vita del piccolo.

---

62 Simonelli A., Calvo V., *L'attaccamento: teoria e metodi di valutazione*, Carocci, Roma 2002, p. 17.
63 *Ibidem*, pp. 17-18.

1.5   L'ATTACCAMENTO   NEL   PERIODO ADOLESCENZIALE

Mentre nel periodo dell'infanzia il bambino ha una necessità fondamentale di relazionarsi con figure di attaccamento, durante lo sviluppo e, quindi, nell'età adolescenziale, si assiste ad un mutamento del rapporto figlio-FdA. A tal riguardo, gli studiosi hanno sostenuto come l'attaccamento esista anche nell'adolescenza, sebbene con livelli minori rispetto al periodo infantile e continuerebbe per tutto il ciclo della vita dell'individuo. Pertanto, la casa dei genitori resterebbe per gli adolescenti un punto di ristoro, di riferimento nei periodi di necessità come la malattia o nelle condizioni di pericolo. Bowlby spiegò tale fenomeno utilizzando i termini *detachment* e *re-attachment*, ossia le due parole chiave che caratterizzano l'adolescenza, il distacco che l'adolescente attuerebbe nei confronti delle figure genitoriali e un nuovo attaccamento che si creerebbe dapprima, da parte dell'individuo verso i coetanei, per poi svilupparsi attraverso l'instaurazione di rapporti di coppia durante e dopo l'adolescenza[64]. In relazione al tema dell'attaccamento nel periodo dell'adolescenza Bowlby affermò che :

«*[...] a un estremo troviamo gli adolescenti che si distaccano dai genitori, all'altro estremo quelli che rimangono intensamente attaccati e non sono capaci di dirigere verso altre persone il loro*

---

64 Holmes, *John Bowlby... op. cit.*, p.86.

attaccamento; fra questi estremi sta la grande maggioranza degli
adolescenti, in cui l'attaccamento ai genitori rimane forte, ma sono
anche molto importanti i legami verso altre persone[65]».

Dopo l'età infantile, quindi, l'adolescente sente un bisogno di attaccamento, che non è del tutto diretto nei confronti dei genitori ma verso figure diverse come amici, partner e, quindi, è nel periodo adolescenziale che la persona sviluppa una propria autonomia comportamentale ed emotiva. Proseguendo, Bowlby ribadì che :

«Nell'adolescenza e nella vita adulta il comportamento di
attaccamento è di solito diretto non solo verso persone estranee alla
famiglia ma anche verso gruppi e istituzioni diversi dalla famiglia,
una scuola o un college, un gruppo di lavoro, un gruppo religioso o
politico possono costituire per molte persone una figura di
attaccamento secondaria, per alcune una figura di attaccamento
principale[66]».

L'adolescente, pertanto, in questa fase sperimenta i diversi lati di sé approcciando relazioni sentimentali utili per la costruzione della sua identità. Tali rapporti affettuosi sono influenzati dalle relazioni di attaccamento vissuti durante l'infanzia: se l'adolescente durante l'età infantile ha subito un attaccamento ansioso, esprimerà comportamenti negativi, ad esempio, praticherà attività sessuali precoci allo scopo di soddisfare il bisogno di sicurezza e certezza con il

---

65 Bowlby J., *Attachment and Losss. Vol. 3: Loss: Sadness and Depression*, Hogarth, London 1980, trad. it., Sborgi C. (a cura di), *La perdita della madre*, Bollati Boringhieri, Torino 1999, p. 206.
66 Ibidem pp. 206-207.

proprio partner o, al contrario, eviterà relazioni fisiche o sarà coinvolto in rapporti non duraturi nel tempo; se, invece, la sua infanzia è stata caratterizzata da un attaccamento sicuro, l'adolescente costruirà rapporti positivi, pertanto, con il proprio partner avrà relazioni più intime solo in casi di rapporti stabili. Dunque, in tale periodo si costruiscono legami di attaccamento con FdA differenti rispetto all'età infantile, ma, nonostante questi mutamenti, per l'adolescente i genitori rappresenteranno sempre figure di supporto e di aiuto nei momenti di bisogno, che risultano essere molteplici nel periodo adolescenziale.

1.6   IL CONCETTO CARDINE DI BOWLBY: i MOI (Modelli Operativi Interni)

Un concetto fondamentale e basilare della teoria dell'attaccamento è sicuramente il cosiddetto MOI (Modello Operativo Interno). Un concetto generale di modello operativo interno fu espresso dallo studioso Craik-Kenneth, il quale affermò che :

«*Il pensiero modella la realtà o corre parallelamente ad essa [...] l'organismo porta all'interno della sua testa un modello su piccola scala della realtà esterna e delle proprie possibili azioni che lo mette in grado di reagire in modo più pieno, più sicuro e più competente alle situazioni di emergenza in cui si imbatté[67]*».

---

67 Craik-Kenneth J. W., *The nature of Explanation*, Cambridge

Su tale concetto, fondamentale per la formulazione della sua teoria, Bowlby sostenne che:

«*The MOI allows greater accuraly of description and provides a structure, that lends itself more readily to the planning and conduct of empirical research*[68]».

Tali modelli operativi, secondo il Nostro, sono rappresentazioni mentali in grado di influenzare le interpretazioni dell'individuo di singoli avvenimenti, con lo scopo di consentirgli di formulare valutazioni future sulla propria vita; ogni individuo costruisce dei MOI del mondo sociale che comprendono i modelli operativi di sé e dell'altro. Tali previsioni costituiscono vere e proprie strutture mentali contenenti le diverse conformazioni dei fenomeni del mondo che possono essere mutate dal soggetto. I MOI, pertanto, costituiscono l'insieme delle diverse scelte di vita, di realtà e permettono alla persona di prediligere la decisione ritenuta migliore, di non scegliere altre alternative previste e valutate come negative e sfruttare gli avvenimenti avuti in passato per migliorare le scelte future; dunque, sia nel periodo dell'infanzia sia in quello adolescenziale ed oltre, l'individuo attraverso i MOI

University Press, Cambridge 1943, trad. it., *La fisica della mente*, Bollati Boringhieri, Torino 1969, p. 85.
68 Bowlby J., *Psychoanalysis as a natural science*, in «International review of Psycho-Analysis», 8 (1982), p. 243, trad. it., Magnani G., *Il paradigma positivista: la psicoanalisi come scienza naturale*, Gregorial Biblical Press, Roma 1985: «*il MOI permette una maggiore precisione di descrizione e fornisce una struttura che si presta più prontamente alla pianificazione e all'esecuzione della ricerca empirica*».

prefigura le azioni di altre persone e, di conseguenza, influenza le loro reazioni, modellando perciò la forma e la qualità delle relazioni di attaccamento che si instaurano lungo il percorso della vita[69]. Da una serie di studi, infine, è emerso come tali MOI siano caratterizzati dalla loro "trasmissione intergenerazionale", ossia da un rapporto di trasmissibilità caratterizzato dalla connessione tra i MOI dei bimbi e i MOI dei genitori.

1.7   INDAGINI SUL MOI: L'Adult Attachment Interview

L'AAI (Adult Attachment Interview) venne idealizzata nel 1985 dalla psicologa statunitense Mary Main con la collaborazione dei suoi assistenti allo scopo di valutare i modelli operativi interni di un individuo, in particolar modo del genitore.

---

69 Cfr. Bowlby J., *The making and breaking of affectional bonds*, Tavistock, London 1979, trad. it., *Costruzione e rottura dei legami affettivi*, Raffaello Cortina, Milano 1982.

Tale modello si struttura secondo i canoni di un'intervista costituita da 15 domande, con scopi psicoterapeutici idonei nel cercare all'interno dell'individuo un'autorivelazione bypassando l'inconscio, ossia mediante la stimolazione dei ricordi delle proprie figure di attaccamento, creando un metodo di classificazione delle descrizioni che ogni persona realizza delle loro personali esperienze di attaccamento[70]. L'intervista viene valutata attraverso 8 parametri:

1. relazione d'amore con la madre;

2. relazione d'amore con il padre;

3. inversione di ruolo con il genitore;

4. qualità del ricordare;

---

70 Per approfondire cfr. George C., Kaplan N., Main M., *Adult, Attachment Interview*, University of California Press, Berkeley 1985.

5. rabbia verso i genitori;

6. idealizzazione dei sentimenti;

7. valutazione delle relazioni;

8. coerenza della narrazione.

Dopo la serie di domande esposte all'individuo sottoposto ad analisi, quest'ultimo, in base alle risposte date, viene classificato in uno dei 4 stili di attaccamento: autonomo-sicuro, abbondante-distaccato, preoccupato-intrappolato e irrisolto-disorganizzato[71]. Gli individui/genitori, che mostrano uno stile sicuro, descrivono le loro esperienze infantili apertamente e ciò è dettato dalla fiducia in sé stessi; inoltre, riferendosi a periodi negativi passati, mostrano un dolore comprovato ma oltrepassato. In definitiva, tale stile è caratterizzato da un punto di vista positivo del sé. Riguardo allo stile abbondante-distaccato, all'interno di esso si collocano persone che descrivono la loro età infantile in modo incostante affermando di non riuscire a ricercare i ricordi relativi a questa fase della loro vita; questi mostrano di avere piena fiducia in sé stessi e non dimostrano nessun interesse nei confronti dei giudizi altrui. I soggetti inseriti, invece, all'interno della categoria dei 'preoccupati' esprimono, nei loro racconti di avvenimenti passati, un certo grado di malessere non superato contro cui lottano ancora nel loro presente; i ricordi di tali individui, ricordi che riaffiorano nella memoria, sono contraddistinti da sentimenti

---

71 Cena L., Imbasciati A., Baldoni F., *Prendersi cura dei bambini e dei loro genitori. La ricerca clinica per l'intervento*, Springer, Milano 2012, pp. 9-10.

contrastanti con le proprie figure di attaccamento. Tali individui sono portati ad avere una mediocre, se non scarsa, visione di sé e una positiva dell'altro; ciò li porta a sentirsi legati al giudizio degli altri. Infine, chi rientra nello stile irrisolto-disorganizzato[72] descrive ricordi traumatici della propria infanzia, ad esempio violenze e percosse subite che non sono state superate nel tempo, ed evidenzia una scarsa autostima che produce sentimenti di incertezze verso di sé e gli altri[73]. L'insieme dei risultati derivanti dai vari test portarono la Main ad evidenziare, come fece Bowlby, come la trasmissione dei MOI avvenga in modo intergenerazionale, attraverso, dunque, comportamenti ed azioni che derivano da atteggiamenti trasmessi dai genitori ai figli.

72 Parkes, Stevenson-Hinde, Marris, *Attachment across... op. cit.,* pp.108-109.
73 Holmes, *John Bowlby... op. cit.,* p. 119-120.

CAPITOLO 2
RELAZIONI TRA GENITORI E FIGLI

2.1 MODELLI E TEST DI ATTACCAMENTO: 'Separation Anxiety Test'

Nel 1976 John Bowlby, con la partecipazione di Micheline Klagsbrun, sperimenta un test per la misurazione dei modelli operativi interni dell'attaccamento indirizzato ad un gruppo di bambini di età compresa tra i 5 e 9 anni di età, denominato "Separation Anxiety Test", poi successivamente modificato da Attili[74] nel 2001. Tale test consisteva nella visione e spiegazione di 12 vignette; ad ogni bambino veniva chiesto gentilmente di esternare le proprie sensazioni circa le foto somministrate loro, foto che rappresentavano situazioni in cui un bambino o una bambina era separato/a dalla madre o da entrambi i genitori per periodi di tempo più o meno lunghi, le cosiddette "reazioni emotive". Inoltre, si analizzava

---

74 Cfr. Attili G., *Ansia da separazione e misura dell'attaccamento normale e patologico*, Unicopli, Milano 2001.

come agiva l'individuo, soggetto al test, nel vedere i genitori allontanarsi, ossia le "reazioni comportamentali[75]". Attraverso le risposte date, i due studiosi, valutarono le caratteristiche di personalità e gli stili di attaccamento, ossia la modalità di relazione che si struttura tra il bambino e la persona che si prende cura di lui. Le domande, dopo la presentazione di ogni vignetta, erano le seguenti:

1) Secondo te, cosa prova questo bambino?

2) Perché pensi che provi questo?

3) Che cosa pensi che faccia ora?

4) Cosa pensi che farà quando rivedrà la madre?

Da tali domande, scaturirono diciassette reazioni emotive, quali solitudine, tristezza, rifiuto, rimprovero a sé stesso, rabbia, colpevolizzazione di altri, benessere, incredulità, evasione, paura, reazione somatica, fame, paure catastrofiche, preoccupazione inversa, risposte bizzarre e risposte confuse; in base alle risposte date, i bambini vennero catalogati in soggetti sicuri, evitanti, ambivalenti e disorganizzati: fra i primi vennero collocati i bambini che esprimevano sensazioni negative in relazione alla visione dell'immagine rappresentata; i secondi si caratterizzavano per la loro inespressività derivante dalla somministrazione delle immagini; comportamenti che derivavano, ad esempio, da un rapporto con una madre rifiutante; per quanto riguarda

---

75 Fonzi, *Manuale di psicologia... op. cit.*, pp. 221-222.

la terza categoria, vennero inseriti in essa bambini che manifestavano fortemente le proprie sensazioni negative, ovvero individui incapaci di sopportare una separazione; infine, nella categoria dei soggetti disorganizzati si collocarono coloro che esponevano risposte ansiose o bizzarre[76].

Altri modelli per la valutazione dell'attaccamento figli-genitori vengono forniti da vari studiosi, fra i quali è doveroso menzionare Kerns e Waters. Nel 1996 Kerns e altri suoi collaboratori, come Klepac e Cole, furono gli artefici della nota "security scale", costituita da un questionario di quindici domande somministrate a bambini aventi un'età compresa tra gli 8 e 14 anni[77], i quali ad ogni frase dovettero optare tra 4 possibilità e, di conseguenza, scelsero quella che si identificava maggiormente con le loro esperienze personali. Da tali risposte si riuscì a ponderare il loro grado di sicurezza nei confronti dei genitori[78].

Nel 1987 lo studioso Waters elaborò "l'attachment q-sort", costituito da *item* che descrivevano i comportamenti di attaccamento dei bambini di età tra 1 e 5 anni, all'interno della casa, ritratti dalle loro madri, allo scopo di analizzare gli atteggiamenti utili per la misurazione dell'attaccamento tra madre e figlio[79].

---

76 *Ibidem*, pp. 222-223.
77 Per approfondire cfr. Kerns K. A., Richardson R. A., *Attachment in middle childhood*, Guilford Press, New York 2005.
78 Crocetti G., Agosta R., *Preadolescenza. Il bambino caduto dalle fiabe*, Pendragon, Bologna 2007, pp. 62-63.

79 Cassibba R., D'Odorico L., *La valutazione dell'attaccamento nella prima*

Suddetti strumenti apportarono sicuramente una prosperosità nell'ambito degli studi riguardanti l'attaccamento.

2.2 RAPPORTO DEI FIGLI CON LA FIGURA PATERNA

Tra i vari psicologi che si espressero sull'argomento, lo psicologo Guido Petter, durante le sue analisi su tale relazione, affermò che:

«Intorno a un bambino, fin dai suoi primi mesi di vita, si affaccendano varie persone. In genere, però, una si occupa di lui con più frequenza: gli sta accanto ogni giorno e per più ore, lo nutre, lo pulisce, lo cambia, lo addormenta. Potremmo denominarla figura materna. Altre però come il papà, sono invece presenti saltuariamente, per aiutare questa figura stabile, per sostituirla temporaneamente, per giocare col bambino, parlargli, raccontargli storie[80]».

Molti studi sono stati compiuti sulle analisi delle relazioni di attaccamento tra figli e genitori e la maggior parte di tali ricerche hanno dimostrato come sia la figura del padre che quella della madre risultassero entrambi importanti per lo sviluppo psicosociale del bambino. Nonostante i risultati manifestassero un'eguaglianza dei livelli affettivi con entrambi i genitori, le ricerche e gli studi più impegnati si

---

infanzia, Franco Angeli, Milano 2009, pp. 27-28.

80 Petter, *Il mestiere di genitore…op.cit.*, p. 69.

concentrarono verso il rapporto figlio-madre, dal momento che questa figura di attaccamento trascorreva periodi di tempo maggiori rispetto alla figura paterna. In effetti, se l'attenzione sui rapporti padre-figli durante l'età infantile è caratterizzata dalla scarsità degli studi al riguardo, nel periodo adolescenziale, suddette analisi diventano molto più carenti. Tuttavia, le poche osservazioni condotte sul rapporto paterno hanno evidenziato come anche la figura del padre abbia la capacità di costruire una relazione con i propri figli, attraverso, soprattutto, il *ludus*; in alcune famiglie con maggiore intensità rispetto ad altre. La figura paterna, pertanto, rappresenta quanto la figura materna un punto di riferimento fondamentale sia per il bambino che per l'adolescente per quanto concerne l'educazione; svariate volte i genitori lamentano comportamenti negativi dei propri figli derivanti da azioni vandaliche denunciando, quindi, una mancanza di rispetto dei figli verso sé stessi e gli altri, ma è proprio dalle figure genitoriali, come sottolineano vari studiosi, che tali atteggiamenti prendono forma. A tal proposito, nel libro *Questo è il mio papà*, Evi Crotti, psicopedagogista, e Alberto Magni, medico e psicoterapeuta, hanno affermato che:

«*Occorre avere il polso fermo, e ricostruire un'immagine di autorevolezza. Il padre non deve assolutamente trasmettere lassismo o permissivismo, come se si mettesse alla pari, in rapporto amicale, che vuole a tutti i costi presentarsi come un amico dei figli è un cattivo padre, poiché un simile rapporto non può che creare confusione. Il padre deve rimanere un esempio da imitare, ben differenziato nella figura e nei valori dal gruppo degli amici, dei pari. Un padre capace di impartire un'educazione coerente, per esempio, viene rappresentato come una figura che spicca senza prevaricare, ma che non è isolata né incombente sul gruppo dei familiari. In sintesi, possiamo affermare che la migliore educazione è data da quel padre che sa trasmettere al proprio figlio fiducia, stima, rispetto e fedeltà, ma soprattutto che sa offrire l'idea che la vita vale la pena di essere vissuta[81]».*

Entrambi gli studiosi, inoltre, condivisero lo stesso parere riguardante le relazioni padre-figlio; in particolare, confermarono la presenza di differenze individuate tra i rapporti del padre con il figlio maschio e con la figlia femmina. Da tali difformità comportamentali da parte del padre, Crotti e Magni individuarono alcune conseguenze caratteriali caratterizzanti la personalità del bambino, a partire dalla nascita, oltre ad attestare alcune considerazioni[82]. Circa i legami tra padre e figlio maschio, dai 2 anni in poi, per il bambino, la figura paterna iniziava a costituire un'immagine molto importante per la strutturazione del super-io; infatti, la presenza di un padre troppo rigido rappresentava per il bambino un ostacolo al suo sviluppo generando in lui sensi di colpa, del tutto assenti, invece, in un padre più permissivo. Dai 5 ai 9 anni di vita del bambino, attraverso i suoi disegni aventi come oggetto la famiglia, si comprendeva la sussistenza del legame con il padre, ovvero il grado di affettività e

---

81 Crotti E., Magni A., *La figura paterna nei disegni dei bambini*, Red Edizioni, Milano 2009, pp. 52-53.

82 *Ibidem*, pp. 53-59.

di sicurezza che portava o non il bambino a contemplare il papà come una figura di riferimento. Dai 9 ai 14 anni, ossia durante il periodo che porta all'adolescenza, un padre intento a sviluppare e conoscere le capacità del proprio figlio doveva svolgere alcuni compiti, fra cui mantenere le differenze di ruolo con il bambino, non esprimere comportamenti indagatori nei suoi confronti, evitare di rimproverare ripetutamente il bambino a causa dei suoi atteggiamenti considerati errati. Infine, dai 14 anni in poi, il ragazzo manifestava la sua personalità che derivava dal superamento con o senza ostacoli delle sue fasi di vita precedenti.

Nei rapporti tra padre e figlia, invece, il discorso mutava; infatti, fino al compimento del 5° anno della bambina, il compito del padre non sussisteva molto nell'educare la stessa, compito quasi esclusivo della madre, ma nel darle "l'equilibrio affettivo" che ella necessitava per contrarre relazioni di attaccamento diverse da quelle genitoriali, che fino al quel momento avevano caratterizzato la sua vita. Dai 5 ai 9 anni la bambina cominciava a comprendere l'importanza dei rapporti con gli altri e, di conseguenza, tendeva a costruire una propria immagine, un proprio modo di esprimersi; è all'interno di questo lasso di tempo che al padre spettava il compito di formare la propria figlia, influenzandola attraverso la trasmissione dei valori della vita, del rispetto di se stessi e degli altri. Dai 9 ai 14 anni è il periodo in cui la ragazza costruiva il sé "reale" a seconda del comportamento tenuto dal padre nei suoi confronti, che doveva basarsi non più soltanto sul gioco ma anche sulla ricerca di trasmettere quella sicurezza e certezza di sé utili per affrontare il lungo percorso dell'esistenza. Dopo i 14 anni, alcuni studi rilevarono come uno scarso insegnamento di regole educative da parte del padre portava alla costituzione di due particolari figure di figlie, "dipendente" e "ribelle": all'interno della categoria del primo tipo si collocavano quelle bambine che avevano un forte legame con il padre, il quale inculcava loro di impegnarsi in qualsiasi ambito della loro vita, come quello scolastico, ai fini della sua soddisfazione personale, e di evitare qualsiasi comportamento che poteva deluderlo; al contrario, il secondo tipo di ragazza si contraddistingueva per la sua lontananza dal padre sia dal punto di vista psichico che fisico. Infatti, come attestarono Crotti e Magni, in presenza di genitori separati, la ragazza tendeva ad avere un atteggiamento scontroso con il padre causato dal non poter più esprimere il proprio fascino su di lui; di conseguenza, la figura paterna per rimediare doveva costruire un legame serio ed amorevole affinché appagasse la propria figlia dei torti recatole[83].

Certamente, la relazione che si instaura fra un padre e il proprio figlio risulta essere diversa da quella con la madre, a causa della differente sensibilità dei due *caregiver*; questa difformità spiega il perché di come i bambini corrano dalla madre quando si trovano di fronte a situazioni, ritenute pericolose, invece di preferire il padre, il quale viene scelto nei momenti

83 *Ibidem*, pp. 56-70.

ludici, che influenzano in maniera più rilevante il bimbo rispetto ai giochi tradizionali offerti dalla madre. In ogni modo, il padre costituisce un punto fermo nella vita del proprio bambino; infatti, è colui che ha il dovere di recidere il cordone ombelicale che lega il bimbo alla madre ed è proprio attraverso questa dinamica che il piccolo riuscirà a differenziare emozioni, immagini e a pianificare, durante l'età adolescenziale, un proprio stile e cammino di vita.

Per ciò che concerne il periodo adolescenziale, in questa fase la relazione padre-figlio è stata analizzata nel 2008 da Liu; lo studioso, dopo aver monitorato l'attaccamento verso le FdA dell'individuo, notò delle divergenze di comportamento da parte dell'adolescente, dipendenti dalla natura dell'attaccamento che nei confronti della madre risultava essere legata a sintomi di "internalizzazione", mentre nei confronti del padre risultava legata a sintomi di "esternalizzazione" (aggressione, ecc.) [84]. Tali considerazioni vennero condivise anche dalle ricerche di Dekovic e Meeus[85]. In definitiva, sebbene il rapporto padre-figlio non eguagli certamente quello tra madre-figlio, la figura paterna e i ricordi ad essa connessi sono stati, sono e saranno sempre indelebili nei cuori di tutti gli individui, o meglio

---

84 Liu D., Diorio J., Tannenbaum B., Caldji C., Francis D., Freedman A., Sharma S., Pearson D., Plotsky P. M., Meaney M. J., *Maternal care, hippocampal glucocorticoid receptors and the hypothalamic-pituitary-adrenal responses to stress*, in «Science», 277 (1997), pp. 1659-1662.

85 Cfr. Fermani A., Meeus W., Pojaghi B., Crocetti E., *Rapporto con la famiglia e sviluppo del concetto di sé in adolescenza*, Giunti, Firenze 2010.

in coloro che hanno vissuto esperienze positive, come, ad esempio, nel caso di Tian Jun e di suo figlio, fotografati insieme, una volta all'anno, dal 1986 al 2015. Tali scatti dimostrano un legame di attaccamento invidiabile come è possibile constatare dalle seguenti immagini:

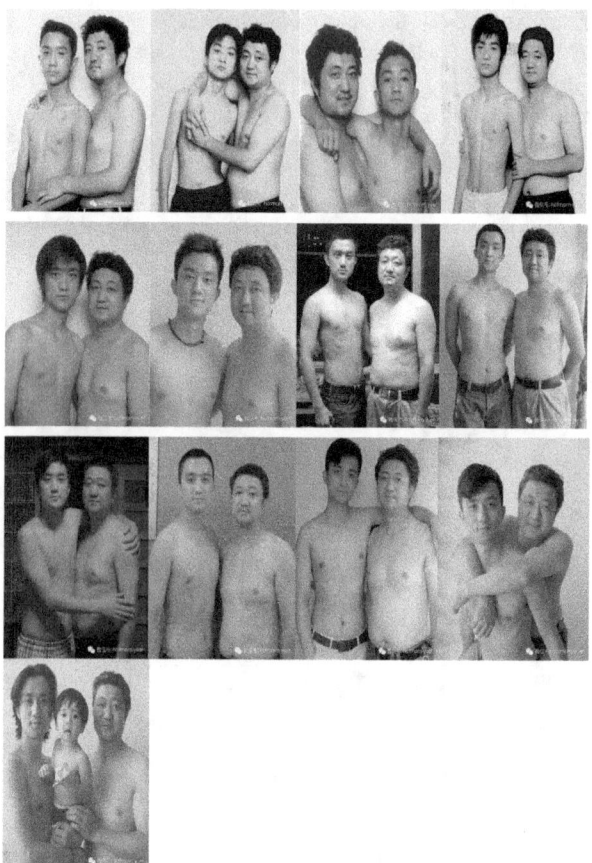

2.3 RAPPORTI DEI FIGLI CON LA FIGURA MATERNA

Al contrario del legame padre-figlio, come predetto nel paragrafo precedente, molti sono stati gli studi sull'analisi del rapporto madre-figlio a partire dai primi mesi di vita del bambino; a tal proposito, il teorico John Bowlby sostenne che:

«*A parte il pianto che è sempre difficile ignorare, un bambino chiama insistentemente, e quando la madre o un'altra persona si occupa di lui, si orienta verso di lei e le sorride. In seguito impara a salutarla e ad avvicinarsi e ne cerca l'attenzione in mille modi seduttivi. E non solo così facendo suscita risposte dalle altre persone, ma mantiene e configura le loro risposte, rinforzandone alcune e non altre. Il modello di interazione che va gradualmente sviluppandosi fra un bambino e la madre può essere compreso solo come risultato dei contributi di entrambi, e specialmente del modo di cui di volta in volta ciascuno dei due influenza il comportamento dell'altro*[86]».

Tale relazione, secondo alcuni studiosi, è costituita dal binomio tra i comportamenti di attaccamento del bambino, attivati dal piccolo per accaparrarsi la vicinanza della madre, come piangere, succhiare, aggrapparsi e il comportamento di accudimento, praticato dalle FdA per la sua sicurezza. Sia la figura materna che il bambino, dunque, partecipano attivamente alla creazione del legame, che inizia dalle prime fasi di sviluppo, caratterizzato dalla ricerca di

---

86 Bowlby, *Attachment and Loss…op. cit.*, pp. 221-222.

interazione, quest'ultima molto importante per la formazione del processo cognitivo ed emotivo. I primi contatti della madre con il piccolo, ossia carezze, sorrisi, ecc., contribuiscono al suo sviluppo dal punto di vista respiratorio, delle difese immunitarie e della sicurezza, necessari per la sua salute mentale; particolarmente importante risulta essere il contatto fisico con la madre perché influenza la termoregolazione corporea del fanciullo. La madre, infatti, riesce abbracciandolo, sin dai primi momenti successivi al parto, a riscaldarlo e, quindi, a mantenere un'adeguata temperatura del corpo del bambino, alla pari di qualsiasi altro apparecchio idoneo alla causa. Risulta chiaro, dunque, come suddetto legame sia caratterizzato dal concetto di "cura[87]". Studiosi del calibro di Klaus si soffermarono su quest'ultimo concetto ed evidenziarono delle differenze all'interno del rapporto materno[88]; ad esempio, si evidenziò come il bambino avesse uno sviluppo psichico positivo o negativo in base al tipo di parto avuto dalla madre. Si attestò, in particolare, che dalle madri che avessero avuto la possibilità di avere subito dopo il parto un contatto fisico stabile, sarebbe scaturito nei bimbi una formazione migliore rispetto a quella di un bimbo nato da un parto ospedaliero regolare. È stato possibile verificare questo fenomeno perché mentre la madre e il bambino appena nato riposano insieme, cominciano a verificarsi una serie di

87 Ainsworth, *Patterns of attachment… op. cit.*, pp. 376-377.

88 Cfr. Klaus M. H., Bonding: the beginnings of parent-infant attachment, Penguin Books, London 1983.

eventi sensoriali, ormonali, fisiologici, immunologici e comportamentali. Parecchi di questi fenomeni contribuiscono a costituire l'attaccamento della madre al bambino, avvicinandoli sempre di più e assicurando il futuro sviluppo della loro relazione. Ed è attraverso tale pratica post-parto che, secondo Klaus, si attiva il sistema di cura, l'attaccamento madre-figlio, anche se successivamente riconobbe la formazione di suddetta relazione anche nei confronti dei parti "regolari". È interessante notare come gli studi effettuati da Klaus influenzarono vari reparti di ostetricia in cui venne attuata una riformulazione organizzativa interna.

Come è stato affermato precedentemente, sussiste un rapporto unico tra madre e figli; in particolare alcuni studi recenti hanno dichiarato come la relazione tra la figura materna e il proprio figlio sia più stretta rispetto al rapporto con una figlia. Questo si spiega, secondo la docente di psicologia clinica specialista in psicoterapia cognitiva, Maria Malucelli, attraverso il concetto "dell'attrazione dei sessi contrari". La psicologa, a tal riguardo, afferma che tale comportamento sia del tutto normale e sia caratterizzato dalla seduzione da parte della madre e dal conseguente piacere da parte del bambino. Talvolta però, tali rapporti materni finiscono per rovinarsi; ad esempio, nei casi di relazioni morbose che ostacolano lo sviluppo evolutivo del proprio figlio[89] . Dagli studi della Malucelli sull'analisi di tali casi, si evince che al bambino nel periodo a partire da 0 a 2

---

89 Malucelli M., *Anoressia e bulimia. Come capire ed aiutare il proprio figlio adolescente*, Franco Angeli, Milano 1995, pp.30-38.

anni si impedisce la socializzazione, da 2 a 4 anni si nega la capacità di giocare, da 4 a 7 anni si vanifica l'espressione caratteriale della sua personalità, da 7 a 11 anni lo si limita riguardo alla conoscenza della vita quotidiana e, infine, dai 12 anni in poi si impedisce la creazione di rapporti con altre persone differenti da quelle genitoriali. In adolescenza, invece, le conseguenze dettate dalla morbosità della madre causano atteggiamenti di rabbia da parte del ragazzo nei suoi confronti, in quanto non riesce a modellarsi attraverso una figura maschile, ovvero quella paterna; in tale circostanza la madre dovrà sia capire l'atteggiamento aggressivo qualificante la fase adolescenziale e sia spiegare al proprio figlio che la mancanza del padre, nei casi di separazione o lutto, non è imputabile né a lei e né a nessun altro[90]. Pertanto, da tali studi riguardanti entrambe le relazioni, padre-figlio e madre-figlio, si sottolinea l'importanza del modo di trattare i propri bambini, per un adeguato avvenire formativo caratterizzato da problematiche ridotte.

Concludendo, è opportuno citare, circa l'importanza dei comportamenti genitoriali, le parole di Guido Petter, il quale affermò che:

«È importante che fra i vari membri della famiglia ci sia un sostanziale accordo circa il modo di trattare il bambino, e che gli atteggiamenti e i comportamenti, benché utilmente diversi, non

---

90 A tal proposito cfr. Sibilia L., *Etologia e psicopatologia*, Melusina, Roma 1992; Aquilar F., Del Castello E., *Psicoterapia delle fobie e del panico. Comportamento, convinzioni, attaccamento, relazioni intime, livelli di coscienza*, Franco Angeli, Milano 1998.

siano fra loro dissonanti, per esempio atteggiamento troppo soffocante da parte della madre e troppo permissivo da parte del padre o dominato dalle paure in un membro della famiglia, eccessivamente fiducioso e imprudente in un altro[91]».

2.4 STUDI E ANALISI: la "Strange Situation" di Mary Ainsworth.

Dopo la formulazione da parte di John Bowlby della teoria dell'attaccamento, anche la psicologa canadese, Mary Dinsmore Salter

Ainsworth, allieva di Bowlby ed esperta in psicologia dello sviluppo,

---

91 Petter, *Il mestiere di genitore… op. cit.*, pp. 76-77.

diede il suo contributo nell'accrescimento e sviluppo della teoria stessa. Fu la prima ad impiegare l'espressione "base sicura", ossia l'abilità da parte della madre di dotare il proprio figlio della sicurezza necessaria in modo tale che egli riesca a scoprire ed osservare lo spazio in cui vive[92]. Ed è attraverso le sue ricerche che si è riusciti ad elaborare la prima classificazione degli stili di attaccamento nell'infanzia; tali distinzioni furono il risultato derivante dal suo concetto di attaccamento, considerato innato e "malleabile" a seconda dei vari atteggiamenti delle figure di attaccamento[93]. L a Nostra lavorò con Bowlby nel 1950, poi si trasferì in Uganda e successivamente a Baltimora con l'obiettivo di compiere studi naturalistici riguardo i legami madri-figli e notò che le figure materne, che esprimevano sensibilità ai cenni del proprio figlio durante i momenti di gioco, alimentazione, contatto fisico, avevano meno problemi nell' ultimo quarto del primo anno di vita con i propri bimbi; ad esempio, quest'ultimi piangevano poco ed avevano migliori espressioni comunicative. Nel 1969 la Ainsworth idealizzò una tecnica di osservazione rivolta alla relazione madre-figlio con lo scopo di analizzare i diversi sistemi comportamentali di attaccamento

---

92 Ainsworth M., *Attachment: Retrospect and prospect*, Basic Books, London1982, in Parkes C. Ivi., & Stevenson-Hinde J. (eds.), *The place of attachment in human behaviour*, Basic Books, New York 1982, pp. 3-30.

93 Lago G., Migone P., *Compendio di psicoterapia. Per una psicoterapia senza aggettivi*, Franco Angeli, Milano 2016, pp. 134-135.

durante la prima infanzia, la cosiddetta "Strange Situation".

Riguardo allo scopo prefissato da tale tecnica, la studiosa canadese attestò che :

«*Il nostro proposito era quello di osservare in che misura il bambino poteva ricorrere alla madre come base sicura nell'esplorare un ambiente sconosciuto, in modo che la paura dell'insolito fosse compensata dalla presenza materna. Volevamo inoltre osservare il grado in cui il comportamento di attaccamento poteva acquistare ascendente su quello di esplorazione nella condizione di allarme introdotta dall'ingresso di una persona estranea e in occasione della separazione dalla madre e del successivo ricongiungimento[94]*».

Simile alla pratica utilizzata da John Bowlby con l'Adult Attachment Interview, ma differente da quest'ultimo per ciò che concerne l'oggetto di studio, il metodo utilizzato dalla psicologa canadese divenne un buon strumento diagnostico e di ricerca, ancora oggi molto utilizzato[95]. Tale procedimento si costituiva di una videoregistrazione effettuata in laboratorio, a mo' di stanza da gioco, della durata di venti minuti circa, con lo scopo di approfondire meglio il comportamento dei bambini, avente come protagonisti una madre e il suo bambino di circa 1-2 anni, oltre ad uno sperimentatore. La sperimentazione si articolava in 8 brevi episodi della

---

94 Ainsworth, *Patterns of attachment...op. cit.*, pp. 177-178.

95 Loriedo C., Picardi A., *Dalla teoria generale dei sistemi alla teoria dell'attaccamento. Percorsi e modelli della psicoterapia sistemico relazionale*, Franco Angeli, Milano 2000, pp. 224-226.

durata di 3 minuti ciascuno e si caratterizzava da una serie di brevi separazioni e ricongiungimenti con la propria madre[96].

Tali scene vennero idealizzate in modo che nel bambino si attuassero situazioni di stress moderato.

Il famoso "dramma in miniatura in otto parti", così definito nel libro scritto dallo studioso Bretherton dal titolo *Self processes and development*, venne indirizzato dalla canadese a cinquantasei bambini, studiati caso per caso, cresciuti in famiglie composte da madri e padri dal colore della pelle bianco e di ceto medio. La stanza, ovvero il laboratorio, si presentava di forma quadrata e di dimensioni pari a tre metri per tre metri, costituita da tre sedie che formavano un triangolo, una per il bambino con i suoi giocattoli, una per la madre e un'altra per lo sperimentatore. Il processo iniziava dal momento in cui i tre soggetti entravano nella stanza e, dopo aver posizionato il bambino al centro della stanza delimitato dalle tre sedie, gli permettevano da quel momento in poi di spaziare a suo piacimento, mentre altri due individui recitavano le parti seguendo le istruzioni che gli erano state impartite precedentemente[97]. Gli otto episodi si sviluppavano attraverso le seguenti modalità:

96 Crocetti, Agosta, *Preadolescenza…op. cit.,* pp. 58-60.

97 Ainsworth, *Patterns of attachment…op.cit.,* pp. 144-145.

Episodi	Partecipanti	Durata	Comportamento evocato dall'episodio
1	Madre, bambino, sperimentatore	Circa 30 secondi	(Introduzione)
2	Madre, bambino	3 minuti	Esplorazione dell'ambiente insolito in presenza della madre
3	Estranea, madre, bambino	3 minuti	Risposta all'estranea in presenza della madre
4	Estranea, bambino	3 minuti*	Risposta alla separazione in presenza dell'estranea
5	Madre, bambino	Variabile	Risposta al ritorno della madre
6	Bambino	3 minuti*	Risposta alla separazione da solo
7	Estranea, bambino	3 minuti*	Risposta al proseguimento della separazione e all'estranea dopo essere stato lasciato da solo
8	Madre, bambino	Variabile	Risposta al secondo ritorno della madre

* L'episodio era abbreviato se il bambino si mostrava molto agitato.

Tabella 3: Quadro schematico della procedura della Strange Situation[98].

Il primo episodio si caratterizzava dall'introduzione in scena, ossia nella stanza-laboratorio[99], della madre e di suo figlio, accompagnati dall'osservatore, il quale, dopo aver dato le direttive per l'esperimento, faceva sedere la madre, chiedendole di fingere di leggere e, dopo aver posizionato il bambino tra i vari giochi a terra, usciva dalla *room*; il fine di tale scena era mettere il bambino in piena libertà, facendogli scegliere se giocare e sondare l'*habitat* temporaneo che lo circondava, ossia ricercare la figura materna. Con la seconda scena cominciava la vera fase del test della durata di tre minuti in cui, come nel

98 *Ibidem*, p. 196.
99 Carli L., *Dalla diade alla famiglia. I legami di attaccamento nella rete familiare*, Raffaello Cortina, Milano 1999, pp. 78-82.

primo episodio, venivano introdotti nella stanza la madre che fingeva di leggere e il piccolo che possedeva la piena libertà di movimento. Nella terza scena si introduceva una figura estranea che si avvicinava al genitore e restava dapprima in silenzio per un minuto, poi iniziava a colloquiare con lei sempre per un minuto ed, infine, per un altro minuto spostava la sua attenzione nei confronti del piccolo, interagendo con lui; il fine consisteva nell'esaminare i comportamenti del fanciullo dinnanzi alla presenza di una terza persona e, dunque, di osservare se il bimbo si lasciasse o meno influenzare dall'interazione con l'estraneo. Il quarto episodio, della durata di tre minuti, si caratterizzava dalla momentanea uscita di scena della madre e da una serie di comportamenti dell'osservatore in relazione a quelli del bimbo; ad esempio, se quest'ultimo riusciva a rimanere ugualmente tranquillo anche in assenza della sua FdA, il terzo non si intrometteva, mentre si impiegava nei casi in cui il fanciullo piangeva, attraverso la ricerca di giochi per rasserenarlo. Di conseguenza, se non riusciva a distrarlo dal pianto l'esperimento di questo quarto episodio si concludeva prima dei tre minuti. Nel quinto periodo si assisteva all'uscita di scena dell'osservatore e del ritorno del genitore, il quale dopo alcuni minuti veniva invitato ad allontanarsi nuovamente dalla stanza, per riscontrare se il bambino, vedendolo ritornare, avesse o meno atteggiamenti rasserenanti o se lo ignorasse totalmente. Il sesto episodio della durata di tre minuti si caratterizzava dal periodo più critico della ricerca per il bambino; infatti, questi vedeva la madre allontanarsi nuovamente. La maggior parte dei bambini di fronte a tale episodio esprimevano un sentimento angosciante; se il bimbo riusciva a mantenere un proprio equilibrio, come è stato detto precedentemente, la scena perdurava all'incirca tre minuti, altrimenti cessava prima. Nel penultimo periodo, quindi, il bambino rimaneva in stanza con la persona estranea, la quale aveva il compito di intervenire nei casi in cui il bambino necessitava di conforti o distrazioni per l'uscita momentanea della madre, o di rimanere in disparte dinnanzi ad un bambino interessato ai suoi giocattoli mantenendo, quindi, un comportamento non critico. Infine, l'ottavo episodio si caratterizzava dall'ultimo ritorno della figura di attaccamento, la quale prendeva in braccio il piccolo mentre l'osservatore usciva dalla stanza; lo scopo di quest'ultima scena era verificare ed analizzare gli atteggiamenti che scaturivano nel fanciullo dal ritorno della madre, se appariva contento e riprendeva i suoi giochi, oppure se aveva una reazione negativa, ad esempio, di nervosismo[100]. Le osservazioni degli atteggiamenti dei fanciulli nei vari episodi avvennero dalla stanza contigua a quella del laboratorio oggetto di studio, attraverso uno specchio unidirezionale, da parte di alcuni studiosi che registravano le loro osservazioni derivanti, appunto, dal bambino. Dall'analisi di tali comportamenti la Ainsworth e i suoi collaboratori idearono una classificazione degli stili di attaccamento, ovvero pattern di attaccamento insicuro-evitante o di

---

100 Simonelli, Calvo, *L'attaccamento…op. cit.*, pp. 29-32.

tipo A, pattern di attaccamento sicuro o di tipo B e pattern di attaccamento insicuro-resistente o di tipo C. All'interno dello stile di tipo A, si inserirono quei bambini che esprimevano atteggiamenti di isolamento, aggressivi e che ignoravano la madre nei momenti di ricongiungimento e di separazione; dunque, questi bambini manifestavano risentimenti che derivavano dai comportamenti della madre insensibili ai segnali di bisogno del proprio figlio durante la vita di tutti i giorni. Nel pattern di tipo B gli studiosi inglobarono, invece, i bambini che palesavano fiducia e rasserenamenti nei confronti del genitore nei momenti di ricongiungimento, ossia atteggiamenti giustificati dalla sensibilità della madre espressa nei confronti del figlio durante i primi mesi di vita; pertanto, si trattava di una figura di attaccamento che veniva percepita dal bambino come "porto sicuro", al quale ricorrere nei momenti del bisogno. Infine, l'attaccamento di tipo C riguardava quei bambini contraddistinti da atteggiamenti di resistenza, ma anche da comportamenti che esprimevano la necessità di avvicinarsi alla propria FdA; quindi fanciulli che esprimevano turbamento e agitazione durante i periodi di esplorazione dell'ambiente circostante, ossia la stanza-laboratorio.

Nel 1986, la psicologa statunitense Mary Main, con la partecipazione di alcuni suoi collaboratori individuarono un quarto modello di attaccamento, ossia il pattern disorientato-disorganizzato o di tipo D; all'interno di questo gruppo si inserivano bambini caratterizzati da disorientamento e disorganizzazione, ed è proprio su tale pattern di attaccamento, che la Main nel 1990 condusse uno studio di "follow-up" su fanciulli di sei anni con lo scopo di analizzare e confrontare sia i bambini "sicuri" che quelli "insicuri" attraverso tre punti: l'atteggiamento scaturito dal bambino all'età di un anno, durante l'esperienza della "Strange Situation" in relazione alla propria figura di attaccamento; il tipo di attaccamento avente con i propri genitori all'età di sei anni, ed i racconti dei rapporti di attaccamento descritti dalle figure genitoriali. Codesti bambini, durante la strutturazione della classificazione dei pattern condotta dalla Ainsworth, non vennero presi in considerazione e, pertanto, vennero ritenuti "non classificabili", a causa delle loro caratteristiche, rilevate dall'esperimento della psicologa canadese, che non corrispondevano a nessuno dei tre modelli, A, B e C. Successivamente la Main cercò e riuscì attraverso i suoi studi a classificare anche tali bimbi. Ritornando al primo dei tre punti oggetto di osservazione, per l'identificazione del quarto modello si verificò la constatazione, come è stato accennato precedentemente, di atteggiamenti di bambini contraddistinti dallo smarrimento dell'orientamento all'interno della stanza-gioco, oltre ad alcune contraddizioni scaturite dalle loro scelte durante la *Strange Situation*. Nel secondo punto, dalla valutazione del rapporto di attaccamento tra il bambino di sei anni e il suo genitore emerse uno straordinario parametro di continuità concernente le strategie comportamentali dei bimbi di tipo A-B-C con fanciulli appartenenti al gruppo D. Il terzo punto si caratterizzò dalla somministrazione ai genitori di 2 metodologie di ricerca differenti, la "Berkeley Adult Attachment Interview", e, successivamente, di una procedura elaborata dalla Main dalla quale scaturì l'individuazione di tre modelli di stati mentali del genitore in relazione all'attaccamento: sicuro-autonomo, distanziante e, infine, preoccupante; dai risultati provenienti dai due metodi si evidenziò e si dimostrò una netta corrispondenza dei dati derivanti da essi, corrispondenza che la Main tradusse con i termini "somiglianza transgenerazionale[101]".

---

101 Cena L., Imbasciati A., Baldoni F., *La relazione genitore-bambino. Dalla psicoanalisi infantile alle nuove prospettive evoluzionistiche dell'attaccamento*, Springer, Milano 2010, pp. 93-95.

BIBLIOGRAFIA ESSENZIALE

Ainsworth M. D. S., *Patterns of attachment: a psychological study of the strange situation*, Lawrence Erlbaum Associates, Hillsdale 1978, trad. it., Dazzi N., Speranza A. M. (a cura di), *Modelli di attaccamento e sviluppo della personalità*, Raffaello Cortina, Milano 2006.

Ainsworth M., *Attachment: Retrospect and prospect*, Basic Books, London1982, in Parkes C. Ivi., & Stevenson-Hinde J. (eds.), *The place of attachment in human behaviour*, Basic Books, New York 1982.

Angelini G., *Educare si deve ma si può?*, Vita e Pensiero, Milano 2002.

Aquilar F., Del Castello E., *Psicoterapia delle fobie e del panico. Comportamento, convinzioni, attaccamento, relazioni intime, livelli di coscienza*, Franco Angeli, Milano 1998.

Attili G., *Ansia da separazione e misura dell'attaccamento normale e patologico*, Unicopli, Milano 2001.

Balzotti A., *Attaccamento e biologia*, Franco Angeli, Milano 2010.

Blatt S., *Una polarità fondamentale in psicoanalisi: implicazioni per lo sviluppo della personalità, la psicopatologia e il processo terapeutico*, in «Psicoterapia e Scienze umane», IV (2006).

Blos P., *On adolescence: A psychoanalytic interpretation*, The Free Press, New York 1962, trad. it., *L'adolescenza: un'interpretazione psicanalitica*, Franco Angeli, Milano 1971.

Blos P., *The adolescent passage. Developmental iussues*, International Universities Press, New York 1979.

Boccia P., *Manuale di scienze sociali*, M&P Edizioni, Resana 2011.

Bowlby J., *Attachment and Loss*, vol. 2: *Separation: Anxiety and Anger*, Hogarth Press, London 1973, trad. it., Sborgi C. (a cura di), *Attaccamento e perdita. Vol.2: La separazione dalla madre*, Bollati Boringhieri, Torino 1975.

Bowlby J., *Attachment and Loss. Vol. 1: Attachment*, Hogarth, London 1969, trad. it., Sborgi C. (a cura di), *L'attaccamento alla madre*, Bollati Boringhieri, Torino 1972.

Bowlby J., *Attachment and Losss. Vol. 3: Loss: Sadness and Depression*, Hogarth, London 1980, trad. it., Sborgi C. (a cura di), *La perdita della madre*, Bollati Boringhieri, Torino 1999.

Bowlby J., *Child care and the growth of maternal love*, Penguin Books, London 1955.

Bowlby J., *Psychoanalysis as a natural science*, in «International review of Psycho-Analysis», 8 (1982), trad. it., Magnani G., *Il paradigma positivista: la psicoanalisi come scienza naturale*, Gregorial Biblical Press, Roma 1985.

Bowlby J., *The Influence of early environment in the development of neurosis and neurotic character*, in «the International Journal of Psychoanalysis», XXI (1940).

Bowlby J., *The making and breaking of affectional bonds*, Tavistock, London 1979, trad. it., *Costruzione e rottura dei legami affettivi*, Raffaello Cortina, Milano 1982.

Bressa G. M., Pisanu N., Del Monte M., Improta S., *Reduci dall'adolescenza. Prospettive psicologiche, cliniche e socio-educative*, Franco Angeli, Milano 2012.

Byng-Hall J., *Rewriting family scripts*, Guilford Press, New York 1995, trad. it., *Le trame della famiglia*, Raffaello Cortina, Milano 1998.

Carli L., *Dalla diade alla famiglia. I legami di attaccamento nella rete familiare*, Raffaello Cortina, Milano 1999.

Cassibba R., D'Odorico L., *La valutazione dell'attaccamento nella prima infanzia*, Franco Angeli, Milano 2009.

Castelli C., *Orientamento in età evolutiva*, Franco Angeli, Milano 2002.

Cena L., Imbasciati A., Baldoni F., *La relazione genitore-bambino. Dalla psicoanalisi infantile alle nuove prospettive evoluzionistiche dell'attaccamento*, Springer, Milano 2010.

Cena L., Imbasciati A., Baldoni F., *Prendersi cura dei bambini e dei loro genitori. La ricerca clinica per l'intervento*, Springer, Milano 2012.

Cicerone, *Cato maior, de senectute*, trad. it., Chiosi L.(a cura di), *Cato maior, de senectute*, X, 33 (2003).

Craik-Kenneth J. W., *The nature of Explanation*, Cambridge University Press, Cambridge 1943, trad. it., *La fisica della mente*, Bollati Boringhieri, Torino 1969.

Crocetti G., Agosta R., *Preadolescenza. Il bambino caduto dalle fiabe*, Pendragon, Bologna 2007.

Crotti E., Magni A., *La figura paterna nei disegni dei bambini*, Red Edizioni, Milano 2009.

Danesi M., *Eternamente giovani. L'«adolescenza» della cultura moderna*, Armando, Roma 2006.

Dolto F., *Paroles pour adolescents ou le complexe du homard*, Hatier, Paris 1989, trad. it., Rognoni C. (a cura di), *I problemi degli adolescenti*, Longanesi, Milano 1994.

Erikson E., *Dimensions of a new identity*, Norton, New York 1974.

Erikson E., *Identity, youth and crisis*, Norton, 1968, trad. it., *Gioventù e crisi d'identità*, Armando, Roma 1974.

Fairbairn W. R., *A revised psychopathology of the psychoses and psychoneuroses*, in «International Journal of Psycho-Analysis», 22 (1941), pp. 250–279.

Faliva C., *Tra normalità e rischio. Manuale di psicologia dello sviluppo e dell'adolescenza*, Maggioli Editore, Santarcangelo di Romagna 2011.

Favretto A. R., Bernardini C., *Mi presti la tua famiglia? Per una cultura dell'affidamento eterofamiliare per minori*, Franco Angeli, Milano 2010.

Fermani A., Meeus W., Pojaghi B., Crocetti E., *Rapporto con la famiglia e sviluppo del concetto di sé in adolescenza*, Giunti, Firenze 2010.

Fonzi A., *Manuale di psicologia dello sviluppo*, Giunti, Firenze 2001.

Freud A., *Adolescence as a developmental disturbance*, Universities Press, New York 1969, trad.it., *L'adolescenza come disturbo evolutivo*, in Opere, vol. 3, Bollati Boringhieri, Torino 1979.

Freud A., *The Psycho-analythical treatment of children. Technical lectures and essays*, Universities Press, New York 1958, trad. it., *Adolescenza*, in Opere, vol. 2, Bollati Boringhieri, Torino 1979.

Freud S., *Drei abhandlungen zur sexualtheorie*, Loescher, Leipzing 1905, trad. it., Musatti A. C. (a cura di), *Tre saggi sulla teoria sessuale e altri scritti (1900-1905)*, in Opere, vol. 4, Bollati Boringhieri, Torino 2006.

Freud S., *Psicologia del ginnasiale*, in Opere, vol. 7, Bollati Boringhieri, Torino 2006.

George C., Kaplan N., Main M., *Adult, Attachment Interview*, University of California Press, Berkeley 1985.

Giovannini D., Palmonari A., Speltini G., Bariaud F., Rodriguez Tomé H., *Aspetti comparativi dello studio della struttura dell'identità in adolescenti*, in Giovannini D. (a cura di), *Identità personale: teoria e ricerca*, Zanichelli, Bologna 1979.

Greenberg J. R., Mitchell S., *Object relations in psychoanalytic theory*, Harvard University Press, Harvard

1983, trad. it., Mattioli C. (a cura di), *Le relazioni oggettuali nella teoria psicoanalitica*, Il Mulino, Bologna 1986.

Hall S., *Adolescence: Its Psychology and Its Relations to Physiology, Anthropology, Sociology, Sex, Crime, Religion, and Education*, Appleton, New York 1904.

Harlow H. F., *Effects of various mother infant relationships on rhesus monkey behaviors*, in Foss B. M. (a cura di), *Determinants of Infant Behavior IV*, Methuen, London 1969, pp. 15-36.

Harlow H. F., *The development of affectional responses in infant monkeys*, in «Proceedings of the American Philosophical Society», 102 (1958), pp. 501–509.

Harlow H. F., *The nature of love*, in «American Psychologist», XIII (1958), pp. 673–685.

Havighurst R. J., Neugarten, B., *Father of the man: how your child gets his personality*, Houhhton, New York 1947.

Holmes J., *John Bowlby and Attachment Theory*, Routledge, London 1993, trad. it., *John Bowlby e la teoria dell'attaccamento*, in «La grande biblioteca della psicologia», XII (2007), pp. 71-73.

Holmes J., *John Bowlby and Attachment Theory*, Routledge, London 1993, trad. it., Federici S., Nebbiosi G. (a cura di), *La Teoria dell'attaccamento. John Bowlby e la sua scuola*, Raffaello Cortina, Milano 1994.

Kerns K. A., Richardson R. A., *Attachment in middle childhood*, Guilford Press, New York 2005.

Klaus M. H., Bonding: the beginnings of parent-infant attachment, Penguin Books, London 1983.

Klein G., *Introduction to the Work of Melanie Klein*, Hogarth Press, London 1973.

Klein M., *The Psycho-Analysis of Children*, Hogarth, London 1932, trad. it., Thorner H. A., Strachey A. (a cura di), *La psicoanalisi dei bambini*, Fabbri Editore, Milano 2007.

Lago G., Migone P., *Compendio di psicoterapia. Per una psicoterapia senza aggettivi*, Franco Angeli, Milano 2016.

Lewin K., *Feldtheorie in den Sozialwissenschaften*, Hans Huber, Bern 1963, trad. it., Trombetta C., Rosiello L. (a cura di), *La ricerca-azione. Il modello di Kurt Lewin e le sue applicazioni*, Erickson, Trento 2000.

Lewin K., *Resolving social conflicts: selected papers on group dynamics*, Harper, New York 1948.

Liu D., Diorio J., Tannenbaum B., Caldji C., Francis D., Freedman A., Sharma S., Pearson D., Plotsky P. M., Meaney M. J., *Maternal care, hippocampal glucocorticoid receptors and the hypothalamic-pituitary-adrenal responses to stress*, in «Science», 277 (1997), pp. 1659-1662.

Lorenz K. Z., *The companion in the bird's world*, in «The Auk», 54 (1937), pp. 245–273.

Loriedo C., Picardi A., *Dalla teoria generale dei sistemi alla teoria dell'attaccamento. Percorsi e modelli della psicoterapia sistemico relazionale*, Franco Angeli, Milano 2000.

Lutte G., *Psicologia degli adolescenti e dei giovani*, Il Mulino, Bologna 1987.

Lyons-Ruth K., *Il trauma latente nel dialogo relazionale dell'infanzia*, Borla, Roma 2012.

Magnani S., *Insegnare a comunicare*, Franco Angeli, Milano 2001.

Malucelli M., *Anoressia e bulimia. Come capire ed aiutare il proprio figlio adolescente*, Franco Angeli, Milano 1995.

Marcia J., *Development and validation of ego identity status*, in «Journal of Personality and Social Psychology», III (1966), pp. 551-558.

Marcia J., *Identity in adolescence*, in Andelson J., *Handbook of adolescent psychology*, Wiley, New York 1980.

Oasi O., Cavagna D., *Percorsi di psicologia dinamica*, Franco Angeli, Milano 2004.

Ongari B., *La valutazione dell'attaccamento nella seconda infanzia*, Unicopli, Milano 2006.

Parkes C. M., Stevenson-Hinde J., Marris P., *Attachment across the life cycle*, Routledge, London 1991, trad. it., *L'attaccamento nel ciclo della vita*, Il Pensiero Scientifico, Roma 2000.

Petter G., *Il mestiere di genitore*, Rizzoli, Milano 1994.

Piaget, J., *Lo sviluppo mentale del bambino e altri studi di psicologia*, Einaudi, Torino 2000.

Quadrio Aristarchi A., Romana Puggelli F., *Obiettivo bambino, rischi e opportunità dall'infanzia all'adolescenza*, Giuffrè Editore, Milano 2006.

Recalcati M., *Introduzione alla psicanalisi contemporanea*, Mondadori, Milano 1996.

Scabini E., Donati P., *Famiglia e adozione internazionale: esperienze normativa e servizi*, Vita e Pensiero, Milano 1996.

Sibilia L., *Etologia e psicopatologia*, Melusina, Roma 1992.

Simonelli A., Calvo V., *L'attaccamento: teoria e metodi di valutazione*, Carocci, Roma 2002.

Solomon J., George C., *L'attaccamento disorganizzato. Gli effetti dei traumi e delle separazioni*, Il Mulino, Bologna 2007.

Spina A., Marzocco L., *Il cuore buio*, Edizioni della Vela, Viareggio 2001.

Vanni F., *Adolescenti, corpo e malattia. Ragazzi e ragazze che si ammalano: l'esperienza soggettiva e la cura*, Franco Angeli, Milano 2005.

Wallin D. J., *Psicoterapia e teoria dell'attaccamento*, Il Mulino, Bologna 2009.

Zavattini C., Lis A., Stella S., *Manuale di psicologia dinamica*, Il Mulino, Bologna 1999.

INDICE

Finito di stampare nel mese di marzo 2018
presso Lulupress.

www.ingramcontent.com/pod-product-compliance
Lightning Source LLC
Chambersburg PA
CBHW060428290526
45791CB00002B/899